Edmond Bordeaux Székely

EL EVANGELIO DE LOS ESENIOS

10ª edición: julio 2007

Diseño de portada: Editorial Sirio, S.A.

EDITORIAL SIRIO, S.A.
C/ Panaderos, 14
29005-Málaga
España

EDITORIAL SIRIO
Nirvana Libros S.A. de C.V.
3ª Cerrada de Minas, 501
Bodega nº 8 , Col. Arvide
Del.: Alvaro Obregón
México D.F., 01280

ED. SIRIO ARGENTINA
C/ Paracas 59
1275- Capital Federal
Buenos Aires
(Argentina)

www.editorialsirio.com
E-Mail: sirio@editorialsirio.com

I.S.B.N.: 978-84-86221-36-2
Depósito Legal: B-32.871-2007

Impreso en los talleres gráficos de Romanya/Valls
Verdaguer 1, 08786-Capellades (Barcelona)

Printed in Spain

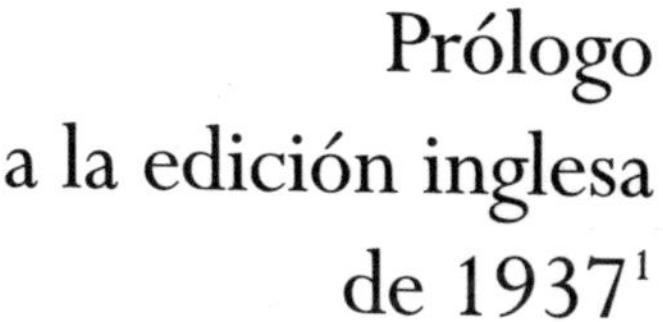

Prólogo a la edición inglesa de 1937[1]

Más de dos mil años han pasado desde que el Hijo del Hombre enseñase el camino, la verdad y la vida a la humanidad. Llevó salud al enfermo, sabiduría al ignorante y felicidad a quienes se hallaban en la desgracia.

Sus palabras se medio olvidaron y no se recogieron hasta algunas generaciones después de que fueron pronunciadas. Han sido malentendidas, anotadas mal, cientos de veces reescritas y cientos de veces transformadas, pero aun así han sobrevivido todo este tiempo. Y aunque como las tenemos hoy en día en el Nuevo Testamento, han sido terriblemente mutiladas y deformadas, han conquistado media humanidad y la totalidad de la civilización occidental. Este hecho prueba la eterna vitalidad de las palabras del Maestro, y su valor supremo e incomparable.

1. *The Gospel of Peace of Jesus Christ by the Disciple John,* The C.W. Daniel Co. Ltd. London, 1937.

Por esta razón hemos decidido publicar las palabras de Jesús, puras y originales, traducidas directamente de la lengua aramea hablada por él y por su amado discípulo Juan, quien, único entre los discípulos de Jesús, anotó con exactitud perfecta las enseñanzas personales de su Maestro.

Es una gran responsabilidad anunciar el Nuevo Testamento actual, que es la base de todas las iglesias cristianas, como deformado y falsificado; sin embargo, no existe más alta religión que la verdad.

Este libro contiene sólo un fragmento –alrededor de una octava parte– de los manuscritos completos que se conservan en arameo en la Biblioteca del Vaticano, y en antiguo eslavo en la Biblioteca Real de los Habsburgo, actualmente propiedad del gobierno austriaco.

Debemos la existencia de ambas versiones a los monjes nestorianos, quienes, ante el avance de las hordas de Gengis Khan, se vieron forzados a huir del Este hacia el Oeste, llevando consigo todas sus antiguas escrituras e iconos.

Los antiguos textos en arameo datan del primer siglo después de Cristo, mientras que la versión en antiguo eslavo es una traducción literal de aquéllos. La arqueología aún no puede reconstruir exactamente cómo viajaron estos textos de Palestina al interior de Asia, hasta llegar a manos de los monjes nestorianos.

Actualmente está en preparación una edición que contiene el texto completo con todas las referencias y notas explicativas (arqueológicas, históricas y exegéticas) necesarias.[2] La parte publicada trata sobre los trabajos sanadores de Jesús. Hemos emitido

2. *The Essene Gospel of Peace*, que consta de los siguientes tomos: Book two: *The Unknoun Books of the Essenes* y Book three: *Lost Scrolls of the Essene Broterhood*, Academy Books, San Diego, California, 1974. (El libro uno es la versión norteamericana del inglés *The Gospel of Peace* y lleva por título *The Essene Gospel of Peace*. También fue editado por Academy Books). Book four: *The Teachings of the Elect* (Academy Books, 1981).

primero esta parte antes que el resto porque es de la que la humanidad sufriente tiene hoy más necesidad.

Nada tenemos que añadir a este texto. Habla por sí solo. El lector que estudie las páginas que siguen con concentración sentirá la vitalidad eterna y la poderosa evidencia de estas verdades profundas que la humanidad precisa hoy más urgentemente que nunca.

«Y la verdad se demostrará por sí misma.»

Edmond Székely
Londres, 1937

El Evangelio de la Paz

Y entonces muchos enfermos y tullidos fueron a Jesús, preguntándole: «Si todo lo sabes, dinos ¿por qué sufrimos estas penosas plagas? ¿Por qué no estamos enteros como los demás hombres? Maestro, cúranos, para que nos hagamos fuertes y no tengamos que vivir por más tiempo en nuestro sufrimiento. Sabemos que en tu poder está curar todo tipo de enfermedad. Líbranos de Satán y de todos sus grandes males. Maestro, ten compasión de nosotros».

Y Jesús respondió: «Felices vosotros que tenéis hambre de la verdad, pues os satisfaré con el pan de la sabiduría. Felices vosotros que llamáis, pues os abriré la puerta de la vida. Felices vosotros que rechazáis el poder de Satán, pues os conduciré al reino de los ángeles de nuestra Madre, donde el poder de Satán no puede penetrar».

Y ellos le preguntaron con desconcierto: «¿Quién es nuestra Madre y cuáles son sus ángeles? ¿Y dónde se halla su reino?».

— Vuestra Madre está en vosotros y vosotros en ella. Ella os alumbró y ella os da vida. Fue ella quien os dio vuestro cuerpo, y a ella se lo devolveréis de nuevo algún día. Felices vosotros cuando lleguéis a conocerla, así como a su reino, si recibís a los ángeles de vuestra Madre y cumplís sus leyes. En verdad os digo que quien haga esto nunca conocerá la enfermedad. Pues el poder de nuestra Madre está por encima de todo. Y destruye a Satán y su reino, y tiene gobierno sobre todos vuestros cuerpos y sobre todas las cosas vivas.

»La sangre que en nosotros corre ha nacido de la sangre de nuestra Madre Terrenal. Su sangre cae de las nubes, brota del seno de la tierra, murmura en los arroyos de las montañas, fluye espaciosamente en los ríos de las llanuras, duerme en los lagos y se enfurece poderosa en los mares tempestuosos.

»El aire que respiramos ha nacido del aliento de nuestra Madre Terrenal. Su respiración es azul celeste en las alturas de los cielos, silba en las cumbres de las montañas, susurra entre las hojas del bosque, ondea sobre los trigales, dormita en los valles profundos y abrasa en el desierto.

»La dureza de nuestros huesos ha nacido de los huesos de nuestra Madre Terrenal, de las rocas y de las piedras. Se yerguen desnudas a los cielos en lo alto de las montañas, son como gigantes que yacen dormidos en las faldas de las montañas, como ídolos levantados en el desierto, y están ocultos en las profundidades de la tierra.

»La delicadeza de nuestra carne ha nacido de la carne de nuestra Madre Terrenal; carne que madura amarilla y roja en los frutos de los árboles, y nos alimenta en los surcos de los campos.

»Nuestros intestinos han nacido de los intestinos de nuestra Madre Terrenal, y están ocultos a nuestros ojos como las profundidades invisibles de la tierra.

»La luz de nuestros ojos y el oír de nuestros oídos nacen ambos de los colores y de los sonidos de nuestra Madre Terrenal, que nos envuelve como las olas del mar al pez, o como el aire arremolinado al ave.

»En verdad os digo que el Hombre es Hijo de la Madre Terrenal, y de ella recibió el Hijo del Hombre todo su cuerpo, del mismo modo que el cuerpo recién nacido nace del seno de su madre. En verdad os digo que sois uno con la Madre Terrenal; ella está en vosotros y vosotros en ella. De ella nacisteis, en ella vivís y a ella de nuevo retornaréis. Guardad por tanto sus leyes, pues nadie puede vivir mucho ni ser feliz sino aquel que honra a su Madre Terrenal y cumple sus leyes. Pues vuestra respiración es su respiración, vuestra sangre su sangre, vuestros huesos sus huesos, vuestra carne su carne, vuestros intestinos sus intestinos, vuestros ojos y vuestros oídos sus ojos y sus oídos.

»En verdad os digo que si dejaseis de cumplir una sola de todas estas leyes, si dañaseis uno solo de los miembros de todo vuestro cuerpo, os perderíais irremisiblemente en vuestra dolorosa enfermedad, y sería el llorar y rechinar de dientes. Yo os digo que, a menos que sigáis las leyes de vuestra Madre, no podréis de ningún modo escapar a la muerte. Y quien abraza las leyes de su Madre, a él abrazará su Madre también. Ella curará todas sus plagas y él nunca enfermará. Ella le dará larga vida y le protegerá de todo mal; del fuego, del agua, de la mordedura de las serpientes venenosas. Pues ya que vuestra madre os alumbró, conserva la vida en vosotros. Ella os ha dado su cuerpo, y nadie sino ella os cura. Feliz es quien ama a su Madre y yace sosegadamente en su regazo. Porque vuestra Madre os ama, incluso cuando le dais la espalda. Y ¿cuánto más os amará si regresáis de nuevo a ella? En verdad os digo que muy grande es su amor, más grande que la mayor de las montañas y más profundo que el más hondo de los mares. Y a aquellos quienes aman a su Madre, ella nunca los abandona. Así como la gallina protege a sus polluelos, como la leona a sus cachorros, como la madre a su recién nacido, así protege la Madre Terrenal al Hijo del Hombre de todo peligro y de todo mal.

»Pues en verdad os digo que males y peligros innumerables esperan a los Hijos de los Hombres. Belcebú, el príncipe de todos los demonios, la fuente de todo mal, acecha en el cuerpo de todos los Hijos de los Hombres. Él es la muerte, el señor de toda plaga y, poniéndose una vestimenta agradable, tienta y seduce a los Hijos de los Hombres. Promete riqueza y poder, y espléndidos palacios, y adornos de oro y plata, y numerosos sirvientes. Promete gloria y renombre, sensualidad y fornicación, borrachera y atracón, vida desenfrenada, holgazanería y ocio. Y tienta a cada cual según aquello por lo que más se inclina su corazón. Y el día en que los Hijos de los Hombres ya se han vuelto esclavos de todas estas vanidades y abominaciones, entonces él, en pago de ello, les arrebata todas aquellas cosas que la Madre Terrenal tan abundantemente les dio. Les arrebata su respiración, su sangre, sus huesos, su carne, sus intestinos, sus ojos y sus oídos. Y la respiración del Hijo del Hombre se vuelve corta y sofocada, trabajosa y maloliente como la de las bestias inmundas. Y su sangre se vuelve espesa y fétida, como el agua de las ciénagas; se coagula y ennegrece como la noche de la muerte. Y sus huesos se vuelven duros y nudosos; se deshacen por dentro y por fuera se resquebrajan, como una piedra cayendo sobre una roca. Y su carne se vuelve grasienta y acuosa; se corrompe, y se pudre con costras y forúnculos que son una abominación. Y sus intestinos se llenan de inmundicia detestable que rezuma corrientes en putrefacción; y en ellos habitan numerosos gusanos abominables. Y sus ojos se enturbian, hasta que la noche oscura los envuelve; y sus oídos se tapan, como el silencio de la tumba. Y por último, el Hijo del Hombre perderá la vida. Pues no guardó las leyes de su Madre, sino que sumó un pecado a otro. Por ello le son arrebatados todos los dones de la Madre Terrenal: la respiración, la sangre, los huesos, la carne, los intestinos, los ojos y los oídos y, por último, la vida con la que coronó su cuerpo la Madre Terrenal.

»Pero si el pecador Hijo del Hombre se arrepiente de sus culpas y las repara, y regresa de nuevo a su Madre Terrenal, y si cumple las leyes de su Madre Terrenal y se libera de las garras de Satán resistiendo sus tentaciones, entonces la Madre Terrenal recibe de nuevo a su Hijo pecador con amor y le envía sus ángeles para que le sirvan. En verdad os digo que cuando el Hijo del Hombre resiste al Satán que habita en él y no hace su voluntad, en esa misma hora se hallan ahí los ángeles de la Madre para servirle con todo su poder y liberarle por entero del poder de Satán.

»Pues ningún hombre puede servir a dos señores. Porque o bien sirve a Belcebú y sus demonios o sirve a nuestra Madre Terrenal y a sus ángeles. O sirve a la muerte o sirve a la vida. En verdad os digo que felices son aquellos que cumplen las leyes de la vida y no vagan por los caminos de la muerte».

Y cuantos le rodeaban escuchaban sus palabras con asombro, pues su palabra tenía poder y enseñaba de manera bien distinta a la de los sacerdotes y escribas.

Y aunque el sol ya se había puesto, no se fueron a sus casas. Se sentaron alrededor de Jesús y le preguntaron: «Maestro, ¿cuáles son esas leyes de la vida? Quédate con nosotros un rato más y enséñanos. Queremos escuchar tu enseñanza para que podamos curarnos y volvernos rectos».

Y el propio Jesús se sentó en medio de ellos y dijo: «En verdad os digo que nadie puede ser feliz, excepto quien cumple la Ley».

Y los demás manifestaron: «Todos cumplimos las leyes de Moisés, nuestro legislador, tal como están escritas en las sagradas escrituras».

Y Jesús les respondió: «No busquéis la Ley en vuestras escrituras, pues la Ley es la vida, mientras que lo escrito está muerto. En verdad os digo que Moisés no recibió de Dios sus leyes por escrito, sino a través de la palabra viva. La Ley es la Palabra Viva del Dios Vivo, dada a los profetas vivos para los hombres vivos. En dondequiera que haya vida está escrita la ley. Podéis hallarla en la hierba, en el árbol, en el río, en la montaña, en los pájaros del cielo, en los peces del mar; pero buscadla principalmente en vosotros mismos. Pues en verdad os digo que todas las cosas vivas se encuentran más cerca de Dios que la escritura, que está desprovista de vida. Dios hizo la vida y todas las cosas vivas de tal modo que enseñasen al hombre, por medio de la palabra siempre viva, las leyes del Dios verdadero. Dios no escribió las leyes en las páginas de los libros, sino en vuestro corazón y en vuestro espíritu. Se encuentran en vuestra respiración, en vuestra sangre, en vuestros huesos, en vuestra carne, en vuestros intestinos, en vuestros ojos, en vuestros oídos y en cada pequeña parte de vuestro cuerpo. Están presentes en el aire, en el agua, en la tierra, en las plantas, en los rayos del sol, en las profundidades y en las alturas. Todas os hablan para que entendáis la lengua y la voluntad del Dios vivo. Pero vosotros cerráis vuestros ojos para no ver, y tapáis vuestros oídos para no oír. En verdad os digo que la escritura es la obra del hombre, pero la vida y todas sus huestes son la obra de nuestro Dios. ¿Por qué no escucháis las palabras de Dios que están escritas en sus obras? ¿Y por qué estudiáis las escrituras muertas, que son la obra de las manos del hombre?».

—¿Cómo podemos leer las leyes de Dios en algún lugar, de no ser en las Escrituras? ¿Dónde se hallan escritas? Léenoslas de ahí donde tú las ves, pues nosotros no conocemos más que las escrituras que hemos heredado de nuestros antepasados. Dinos las leyes de las que hablas, para que oyéndolas seamos sanados y justificados.

Jesús dijo: «Vosotros no entendéis las palabras de la vida, porque estáis en la muerte. La oscuridad oscurece vuestros ojos, y vuestros oídos están tapados por la sordera. Pues os digo que no os aprovecha en absoluto que estudiéis las escrituras muertas si por vuestras obras negáis a quien os las ha dado. En verdad os digo que Dios y sus leyes no se encuentran en lo que vosotros hacéis. No se hallan ni en la glotonería, ni en la borrachera, ni en una vida desenfrenada, ni en la lujuria, ni en la búsqueda de la riqueza, ni mucho menos en el odio a vuestros enemigos. Pues todas estas cosas están lejos del verdadero Dios y de sus ángeles. Todas estas cosas vienen del reino de la oscuridad y del señor de todos los males. Y todas estas cosas las lleváis en vosotros mismos; y por ello la palabra y el poder de Dios no entran en vosotros, pues en vuestro cuerpo y en vuestro espíritu habitan todo tipo de males y abominaciones. Si deseáis que la palabra y el poder del Dios Vivo penetren en vosotros, no profanéis vuestro cuerpo ni vuestro espíritu, pues el cuerpo es el templo del espíritu y el espíritu es el templo de Dios. Purificad, por tanto, el templo, para que el Señor del templo pueda habitar en él y ocupar un lugar digno de él.

»Y retiraos, bajo la sombra del cielo de Dios, de todas las tentaciones de vuestro cuerpo y de vuestro espíritu, que vienen de Satán.

»Renovaos y ayunad. Pues en verdad os digo que Satán y sus plagas solamente pueden ser expulsados por medio del ayuno y la oración. Id por vuestra cuenta y ayunad en solitario, sin descubrir vuestro ayuno a hombre alguno. El Dios Vivo lo verá y grande será vuestra recompensa. Y ayunad hasta que Belcebú y todos sus demonios os abandonen, y todos los ángeles de nuestra Madre Terrenal vengan a serviros. Pues en verdad os digo que a no ser que ayunéis, nunca os libraréis del poder de Satán ni de todas las enfermedades que de Satán vienen. Ayunad y orad fervientemente, buscando el poder del Dios Vivo para vuestra curación. Mientras ayunéis, evitad a los Hijos de los Hombres y buscad los ángeles de nuestra Madre Terrenal, pues quien busca hallará.

»Buscad el aire fresco del bosque y de los campos, y en medio de ellos hallaréis al ángel del aire. Quitaos vuestro calzado y vuestras ropas, y dejad que el ángel del aire abrace vuestro cuerpo. Respirad entonces larga y profundamente, para que el ángel del aire penetre en vosotros. En verdad os digo que el ángel del aire expulsará de vuestro cuerpo toda inmundicia que lo profane por fuera y por dentro. Y así saldrá de vosotros toda cosa sucia y maloliente, igual que el humo del fuego asciende en forma de penacho y se pierde en el mar del aire. Pues en verdad os digo que sagrado es el ángel del aire, quien limpia cuanto está sucio y confiere a las cosas malolientes un olor agradable. Ningún hombre a quien no deje pasar el ángel del aire podrá acudir ante la faz de Dios. Verdaderamente, todo debe nacer de nuevo por el aire y por la verdad, pues vuestro cuerpo respira el aire de la Madre Terrenal, y vuestro espíritu respira la verdad del Padre Celestial.

»Después del ángel del aire, buscad al ángel del agua. Quitaos vuestro calzado y vuestras ropas, y dejad que el ángel del agua abrace todo vuestro cuerpo. Entregaos por entero a sus acogedores brazos y, así como el aire penetra en vuestra respiración, que el agua penetre también en vuestro cuerpo. En verdad os digo que el ángel del agua expulsará de vuestro cuerpo toda inmundicia que lo mancille por fuera y por dentro. Y toda cosa sucia y maloliente fluirá fuera de vosotros, igual que la suciedad de las vestiduras, lavada en el agua, se va y se pierde en la corriente del río. En verdad os digo que sagrado es el ángel del agua que limpia cuanto está sucio y que confiere a todas las cosas malolientes un olor agradable. Ningún hombre a quien no deje pasar el ángel del agua podrá acudir ante la faz de Dios. En verdad que todo debe nacer de nuevo del agua y de la verdad, pues vuestro cuerpo se baña en el río de la vida terrenal y vuestro espíritu se baña en el río de la vida eterna. Pues recibís vuestra sangre de nuestra Madre Terrenal y la verdad de nuestro Padre Celestial.

»Pero no penséis que es suficiente con que el ángel del agua os abrace sólo externamente. En verdad os digo que la inmundicia interna es, con mucho, mayor que la externa. Y quien se limpia por fuera permaneciendo sucio en su interior es como las tumbas bellamente pintadas por fuera, pero llenas por dentro de todo tipo de inmundicias y de abominaciones horribles. Por ello, en verdad os digo que dejéis que el ángel del agua os bautice también por dentro, para que os liberéis de todos vuestros antiguos pecados y para que asimismo internamente seáis tan puros como la espuma del río jugueteando a la luz del sol.

»Buscad, por tanto, una gran calabaza con el cuello de la longitud de un hombre; extraed su interior y llenadla con agua del río caldeada por el sol. Colgadla de la rama de un árbol, arrodillaos en el suelo ante el ángel del agua y haced que el extremo del tallo de la calabaza penetre vuestras partes ocultas, para que el agua fluya a través de todos vuestros intestinos. Luego, descansad arrodillándoos en el suelo ante el ángel del agua y orad al Dios Vivo para que os perdone todos vuestros antiguos pecados; y orad también al ángel del agua para que libere vuestro cuerpo de toda inmundicia y enfermedad. Dejad entonces que el agua salga de vuestro cuerpo, para que se lleve de su interior todas las cosas sucias y fétidas de Satán. Y veréis con vuestros ojos y oleréis con vuestra nariz todas las abominaciones e inmundicias que mancillaban el templo de vuestro cuerpo; igual que todos los pecados que residían en vuestro cuerpo, atormentándoos con todo tipo de dolores. En verdad os digo que el bautismo con agua os libera de todo esto. Renovad vuestro bautismo con agua todos los días durante vuestro ayuno, hasta el día en que veáis que el agua que expulsáis es tan pura como la espuma del río. Entregad entonces vuestro cuerpo a la corriente del río, y una vez en los brazos del ángel del agua, dad gracias al Dios Vivo por haberos librado de vuestros pecados. Y este bautismo sagrado por el ángel del agua es el renacimiento a la nueva vida. Pues vuestros ojos verán a partir de entonces y vuestros oídos oirán. No pequéis más, por tanto, después de vuestro bautismo, para que los ángeles del aire y del agua habiten eternamente en vosotros y os sirvan para siempre.

»Y si queda después dentro de vosotros alguno de vuestros antiguos pecados e inmundicias, buscad al ángel de la luz del sol. Quitaos vuestro calzado y vuestras ropas, y dejad que el ángel de la luz del sol abrace todo vuestro cuerpo. Respirad entonces larga y profundamente para que el ángel de la luz del sol os penetre. Y el ángel de la luz del sol expulsará de vuestro cuerpo toda cosa fétida y sucia que lo mancille por fuera y por dentro. Y así saldrá de vosotros toda cosa sucia y fétida, del mismo modo que la oscuridad de la noche se disipa ante la luminosidad del sol naciente. Pues en verdad os digo que sagrado es el ángel de la luz del sol, quien limpia toda inmundicia y confiere a lo maloliente un olor agradable. Nadie a quien no deje pasar el ángel de la luz del sol podrá acudir ante la faz de Dios. En verdad que todo debe nacer de nuevo del sol y de la verdad, pues vuestro cuerpo se baña en la luz del sol de la Madre Terrenal, y vuestro espíritu se baña en la luz del sol de la verdad del Padre Celestial.

»Los ángeles del aire, del agua y de la luz del sol son hermanos. Les fueron entregados al Hijo del Hombre para que le sirviesen y para que él pudiera ir siempre de uno a otro.

»Sagrado es, asimismo, su abrazo. Son hijos indivisibles de la Madre Terrenal, así que no separéis vosotros a aquellos a quienes la tierra y el cielo han unido. Dejad que estos tres ángeles hermanos os envuelvan cada día y habiten en vosotros durante todo vuestro ayuno.

»Pues en verdad os digo que el poder de los demonios, todos los pecados e inmundicias, huirán con presteza de aquel cuerpo que sea abrazado por estos tres ángeles. Del mismo modo que los ladrones huyen de una casa abandonada al llegar el dueño de ésta, uno por la puerta, otro por la ventana y un tercero por el tejado, cada uno donde se encuentra y por donde puede, asimismo huirán de vuestros cuerpos todos los demonios del mal, todos vuestros antiguos pecados y todas las inmundicias y enfermedades que profanaban el templo de vuestros cuerpos. Cuando los ángeles de la Madre Terrenal entren en vuestros cuerpos, de manera que los señores del templo lo posean nuevamente, entonces huirán con presteza todos los malos olores a través de vuestra respiración y de vuestra piel, y las aguas corrompidas por vuestra boca y vuestra piel, y por vuestras partes ocultas y secretas. Y todas estas cosas las veréis con vuestros propios ojos, las oleréis con vuestra nariz y las tocaréis con vuestras manos. Y cuando todos los pecados e inmundicias hayan abandonado vuestro cuerpo, vuestra sangre se volverá tan pura como la sangre de nuestra Madre Terrenal y como la espuma del río jugueteando a la luz del sol. Y vuestro aliento se volverá tan puro como el aliento de las flores perfumadas, vuestra carne tan pura como la carne de los frutos que enrojecen sobre las ramas de los árboles, la luz de vuestro ojo tan clara y luminosa como el brillo del sol que resplandece en el cielo azul. Y entonces os servirán todos los ángeles de la Madre Terrenal. Y vuestra respiración, vuestra sangre y vuestra carne serán una con la respiración, la sangre y la carne de la Madre Terrenal, para que vuestro espíritu se haga también uno con el espíritu del Padre Celestial. Pues en verdad nadie puede llegar al Padre Celestial sino a través de la Madre Terrenal. Del mismo modo que un niño recién nacido no puede entender la enseñanza de su padre mientras su madre no le haya primero amamantado, bañado, cuidado, dormido y alimentado. Mientras el niño es pequeño, su lugar está junto a su madre y a ella debe obedecer. Cuando el niño ya ha crecido, su padre le lleva a trabajar al campo a su lado, y el niño regresa junto a su madre solamente cuando llega la hora de la comida y de la cena. Y entonces el padre le enseña, para que se adiestre en sus trabajos. Y cuando el padre ve que su hijo entiende su enseñanza y hace bien su trabajo, le da todas las posesiones para que éstas pertenezcan a su amado hijo y para que éste continúe su obra. En verdad os digo que feliz es el hijo que acepta el consejo de su madre y lo sigue. Y cien veces más feliz es el hijo que acepta y sigue también el consejo de su padre, pues ya se os dijo: 'Honra a tu padre y a tu madre'. Pero yo os digo, Hijos del Hombre: honrad a vuestra Madre Terrenal y guardad todas sus leyes, para que sean largos vuestros días en esta tierra, y honrad a vuestro Padre Celestial para que sea vuestra en los cielos la vida eterna. Pues el Padre Celestial es un centenar de veces más grande que todos los padres por sangre y descendencia, y mayor es la Madre Terrenal que todas las madres por el cuerpo. Y más querido es el Hijo del Hombre a los ojos de su Padre Celestial y de su Madre Terrenal que lo son los niños a los ojos de sus padres por sangre y por descendencia, y de sus madres por el cuerpo. Y más sabias son la Palabra y la Ley de vuestro Padre Celestial y de vuestra Madre Terrenal que las palabras y la voluntad de todos los padres por sangre y por descendencia, y de todas las madres por el cuerpo. Y también de más valor es la herencia de vuestro Padre Celestial y de vuestra Madre Terrenal, el reino eterno de la vida eterna y celestial, que todas las herencias de vuestros padres por sangre y por descendencia, y de vuestras madres por el cuerpo.

»Y vuestros verdaderos hermanos son todos aquellos que hacen la voluntad de vuestro Padre Celestial y de vuestra Madre Terrenal, y no vuestros hermanos de sangre. En verdad os digo que vuestros verdaderos hermanos en la voluntad del Padre

Celestial y de la Madre Terrenal os amarán un millar de veces más que vuestros hermanos de sangre. Pues desde los días de Caín y Abel, cuando los hermanos de sangre transgredieron la voluntad de Dios, no existe una verdadera fraternidad por la sangre. Y los hermanos actúan entre sí como extraños. Por ello os digo: amad a vuestros verdaderos hermanos en la voluntad de Dios un millar de veces más que a vuestros hermanos de sangre.

»Pues vuestro Padre Celestial es amor.
Pues vuestra Madre Terrenal es amor.
Pues el Hijo del Hombre es amor.

»Por el amor el Padre Celestial, la Madre Terrenal y el Hijo del Hombre se hacen uno. Pues el espíritu del Hijo del Hombre fue creado del espíritu del Padre Celestial, y su cuerpo del cuerpo de la Madre Terrenal. Haceos, por tanto, perfectos como perfectos son el espíritu de vuestro Padre Celestial y el cuerpo de vuestra Madre Terrenal. Y amad así a vuestro Padre Celestial, igual que él ama vuestro espíritu. Y amad así a vuestra Madre Terrenal, igual que ella ama vuestro cuerpo. Y amad así a vuestros verdaderos hermanos, igual que vuestro Padre Celestial y vuestra Madre Terrenal los aman. Y entonces os dará vuestro Padre Celestial su santo espíritu, y vuestra Madre Terrenal os dará su cuerpo santo. Y entonces los Hijos de los Hombres se darán amor unos a otros como verdaderos hermanos, el amor que recibieron de su Padre Celestial y de su Madre Terrenal; y todos se convertirán en consoladores unos de otros. Y desaparecerá entonces de la tierra todo mal y toda tristeza, y habrá amor y alegría sobre la tierra. Y será entonces la tierra como los cielos, y vendrá el reino de Dios. Y vendrá el Hijo del Hombre en toda su gloria, para heredar el reino de Dios. Y los Hijos de los Hombres dividirán su divina herencia, el reino de Dios. Pues los Hijos del

Hombre viven en el Padre Celestial y en la Madre Terrenal, y el Padre Celestial y la Madre Terrenal viven en ellos. Y entonces con el reino de Dios llegará el fin de los tiempos. Pues el amor del Padre Celestial da vida eterna a todo lo que está en el reino de Dios. Pues el amor es eterno. El amor es más fuerte que la muerte.

»Aunque yo hable con las lenguas de los hombres y de los ángeles, si no tengo amor, mis palabras son como el sonido del latón o como el tintineo de un platillo. Aunque diga lo que ha de venir y conozca todos los secretos y toda la sabiduría, y aunque tenga una fe tan fuerte como la tormenta que mueve las montañas de su sitio, si no tengo amor no soy nada. Y aunque dé todos mis bienes para alimentar al pobre y le ofrezca todo el fuego que he recibido de mi Padre, si no tengo amor no hallaré en ello provecho alguno. El amor es paciente y el amor es amable. El amor no es envidioso, no hace el mal, no conoce el orgullo; no es rudo ni egoísta. Es ecuánime, no cree en la malicia; no se regocija en la injusticia, sino que se deleita en la justicia. El amor lo defiende todo, el amor lo cree todo, el amor lo espera todo y el amor lo soporta todo; nunca se agota. Pero en cuanto a las lenguas, cesarán, y en cuanto al conocimiento, se desvanecerá. Pues poseemos en parte la verdad y en parte el error, mas cuando venga la plenitud de la perfección, lo parcial será aniquilado. Cuando el hombre era niño hablaba como un niño, entendía como un niño, pensaba como un niño; pero cuando se hizo hombre abandonó las cosas de los niños. Porque nosotros vemos ahora a través de un cristal y a través de dichos oscuros. Ahora conocemos parcialmente, mas cuando hayamos acudido ante el rostro de Dios, ya no conoceremos en parte, pues él mismo nos enseñará a nosotros. Y ahora nos quedan tres cosas: la fe, la esperanza y el amor, pero la más grande de ellas es el amor.

»Y ahora os hablo en la lengua viva del Dios Vivo, por medio del santo espíritu de nuestro Padre Celestial. No hay aún ninguno de entre vosotros que pueda entender todo cuanto os digo. Quien os comenta las escrituras os habla en una lengua muerta de hombres muertos, a través de su cuerpo enfermo y mortal. Por lo tanto a él le pueden entender todos los hombres, pues todos los hombres están enfermos y todos están en la muerte. Nadie ve la luz de la vida. El ciego guía a los ciegos en el oscuro sendero de los pecados, las enfermedades y los sufrimientos, y al final se precipitan todos a la fosa de la muerte.

»Yo os he sido enviado por el Padre para que haga brillar la luz de la vida entre vosotros. La luz se ilumina a sí misma y a la oscuridad, mas la oscuridad se conoce sólo a sí misma y no conoce la luz. Aún tengo que deciros muchas cosas, mas todavía no podéis comprenderlas. Pues vuestros ojos están acostumbrados a la oscuridad, y la plena luz del Padre Celestial os cegaría. Por eso no podéis entender aún cuanto os hablo acerca del Padre Celestial, quien me envió a vosotros. Seguid pues primero sólo las leyes de vuestra Madre Terrenal, de quien ya os he hablado. Y cuando sus ángeles hayan lavado y renovado vuestros cuerpos y fortalecido vuestros ojos, seréis capaces de soportar la luz de nuestro Padre Celestial. Cuando seáis capaces de contemplar el brillo del sol del mediodía con los ojos fijos, podréis entonces mirar la luz cegadora de vuestro Padre Celestial, la cual es un millar de veces más brillante que el brillo de un millar de soles. Mas ¿cómo miraríais la luz cegadora de vuestro Padre Celestial, si no podéis soportar siquiera la luz del sol radiante? Creedme, el sol es como la llama de una vela comparado con el sol de la verdad del Padre Celestial. No tengáis, por tanto, sino fe, esperanza y amor. En verdad os digo que no desearéis vuestra recompensa. Si creéis en mis palabras creéis en quien me envió, que es el señor de todos y para quien todas las cosas son posibles. Pues lo que resulta imposible con los hombres es posible con Dios. Si creéis en los ángeles de la Madre Terrenal y cumplís sus leyes, vuestra fe os sostendrá y nunca conoceréis la enfermedad. Tened esperanza también en el amor de vuestro padre celestial, pues quien confía en él no será nunca defraudado ni tampoco conocerá la muerte.

»Amaos los unos a los otros, pues Dios es amor, y así sabrán los ángeles que vais por sus caminos. Y entonces acudirán todos los ángeles ante vuestro rostro y os servirán. Y Satán partirá de vuestro cuerpo con todos sus pecados, enfermedades e inmundicias. Id, renunciad a vuestros pecados, arrepentíos vosotros mismos y bautizaos vosotros mismos, para que nazcáis de nuevo y no pequéis más».

Entonces Jesús se levantó. Pero todos los demás permanecieron sentados, pues cada hombre sentía el poder de sus palabras. Y entonces apareció la luna llena entre las nubes desgarradas y envolvió a Jesús en su resplandor. De su cabello ascendían destellos, y permaneció erguido entre ellos en la luz de la luna, como si flotase en el aire. Y nadie se movió, ni tampoco se oyó la voz de nadie. Y nadie supo cuánto tiempo había pasado, pues el tiempo parecía parado.

Entonces Jesús tendió sus manos hacia ellos y dijo: «La paz sea con vosotros». Y de este modo, partió como la brisa que mece las hojas de los árboles.

Y aún durante un buen rato permaneció la compañía sentada sin moverse, y luego fueron saliendo del silencio, uno tras otro, como tras un largo sueño. Pero nadie deseaba irse, como si las palabras de quien los había dejado todavía sonasen en sus oídos. Y permanecieron sentados como si escuchasen alguna música maravillosa.

Pero al fin uno dijo, como si estuviera algo atemorizado: «¡Qué bien se está aquí!». Otro dijo: «¡Ojalá esta noche no acabara nunca!». Y otros: «¡Ojalá pudiera estar entre nosotros para siempre!», y: «De verdad que es el mensajero de Dios, pues puso la esperanza en nuestros corazones». Y nadie deseaba irse a su casa, y manifestaban: «Yo no voy a casa, donde todo es oscuro y triste. ¿Por qué hemos de ir a casa, donde nadie nos quiere?».

Y de este modo hablaron, pues casi todos ellos eran pobres, cojos, ciegos, lisiados, vagabundos, gentes sin hogar despreciadas en su desdicha, que sólo habían nacido para ser motivo de lástima en las casas donde durante apenas unos días encontraron refugio. Incluso algunos que tenían tanto casa como familia dijeron: «También nosotros nos quedaremos con vosotros». Pues todos sentían que las palabras de quien se había ido unían a la pequeña compañía con hilos invisibles. Y todos sentían que habían nacido de nuevo. Veían ante sí un mundo luminoso, incluso cuando la luna se ocultó en las nubes. Y en los corazones de todos se abrieron flores maravillosas, de una belleza maravillosa: las flores de la alegría.

Y cuando los brillantes rayos del sol aparecieron sobre el horizonte, todos sintieron que aquél era el sol del reino de Dios que venía. Y con semblantes alegres se adelantaron a encontrar a los ángeles de Dios.

Y muchos sucios y enfermos siguieron las palabras de Jesús, y buscaron las orillas de las corrientes murmurantes. Se descalzaron y desvistieron, ayunaron y entregaron sus cuerpos a los ángeles del aire, del agua y de la luz del sol. Y los ángeles de la Madre Terrenal los abrazaron, y poseyeron sus cuerpos por dentro y por fuera. Y todos ellos vieron cómo todos los males, pecados e inmundicias los abandonaban rápidamente.

Y el aliento de algunos se volvió tan fétido como el olor que sueltan los intestinos, y a algunos les fluían babas y de sus partes internas surgió un vómito maloliente y sucio. Todas estas inmundicias salieron por sus bocas. En algunos por la nariz, y en otros por los ojos y los oídos. Y a muchos les vino por todo su cuerpo un sudor apestoso y abominable por toda la piel. Y en muchos de sus miembros se abrieron forúnculos grandes y calientes, de los que salían inmundicias malolientes, y de sus cuerpos fluía orina en abundancia; y en muchos su orina no estaba sino seca y se volvía tan espesa como la miel de las abejas; la de los otros era casi roja y dura como la arena de los ríos. Muchos lanzaban fétidos pedos de sus intestinos, semejantes al aliento de los demonios. Y su hedor se hizo tan grande que nadie podía soportarlo.

Y cuando se bautizaron a sí mismos, el ángel del agua penetró en sus cuerpos, y de ellos salieron todas las abominaciones e inmundicias de sus antiguos pecados, y semejante a un río que descendiese de una montaña, salieron a borbotones de sus cuerpos gran cantidad de abominaciones duras y blandas. Y la tierra donde cayeron sus aguas quedó contaminada, y tan grande era el hedor que nadie podía permanecer en aquel lugar. Y los demonios abandonaron sus intestinos en forma de numerosos gusanos que se retorcían en el lodo de sus inmundicias internas. Y después que el ángel del agua los hubo expulsado de los intestinos de los Hijos de los Hombres, se retorcieron en el suelo con ira impotente. Y entonces descendió sobre ellos el poder del ángel de la luz del sol, y allí perecieron en sus desesperadas convulsiones, pisoteados bajo los pies del ángel de la luz del sol. Y todos se estremecieron aterrorizados al mirar todas aquellas abominaciones de Satán, de quienes los habían salvado los ángeles. Y dieron gracias a Dios por haberles enviado sus ángeles para liberarlos.

Y había algunos atormentados por grandes dolores que no parecían querer abandonarlos; y, al no saber qué hacer, decidieron enviar alguno de ellos a Jesús, pues deseaban mucho tenerle entre ellos.

Y cuando dos hubieron ido en su busca, vieron al mismo Jesús acercándose por la orilla del río. Y sus corazones se llenaron de esperanza y de alegría cuando oyeron su saludo: «La paz sea con vosotros». Y muchas eran las preguntas que deseaban hacerle, mas en su sorpresa no podían empezar, pues nada acudía a sus mentes. Les dijo entonces Jesús: «He venido porque me necesitáis». Y uno gritó: «Maestro, verdaderamente te necesitamos. Ven y líbranos de nuestros sufrimientos».

Y Jesús les habló en parábolas: «Sois como el hijo pródigo, quien durante muchos años comió y bebió, y pasó sus días con sus amigos en el desenfreno y la lascivia. Y cada semana, sin que su padre lo supiese, contraía nuevas deudas, malgastando cuanto tenía en pocos días. Y los prestamistas siempre le prestaban, pues su padre poseía grandes riquezas y siempre pagaba pacientemente las deudas de su hijo. Y en vano amonestaba a su hijo con buenas palabras, porque nunca escuchaba las advertencias de su padre, quien le suplicaba en vano que renunciase a sus vicios sin fin, y que fuera a sus campos a vigilar el trabajo de sus sirvientes. Y el hijo le prometía siempre todo si pagaba sus antiguas deudas, mas al día siguiente empezaba de nuevo. Y durante más de siete años el hijo continuó en su vida licenciosa. Pero, al fin, su padre perdió la paciencia y no pagó más a los prestamistas las deudas de su hijo. 'Si sigo pagándolas siempre –dijo– no acabarán los pecados de mi hijo'. Entonces, los prestamistas, que se vieron engañados, en su cólera se llevaron al hijo como esclavo, para que con su trabajo diario les pagase el dinero que había tomado prestado. Y entonces se acabó el comer, el beber y todos los excesos diarios. De la mañana a la noche mojaba los campos con el sudor de su frente, y con el trabajo desacostumbrado todos los miembros le dolían. Y vivía de pan seco, ya que no tenía más que sus propias lágrimas para humedecerlo. Al tercer día había sufrido tanto por el calor y el cansancio que le dijo a su dueño: 'No puedo trabajar más porque me duelen todos los miembros. ¿Por cuánto tiempo más me atormentarás?'. 'Hasta el día en que por el trabajo de tus manos me hayas pagado todas tus deudas, y cuando hayan pasado siete años, serás libre'. Y el hijo, desesperado, respondió llorando: '¡Pero si no puedo soportarlo ni siquiera durante siete días! Apiadaos de mí, pues todos mis miembros me duelen y me abrasan'. Y el malvado acreedor le gritó: '¡Sigue con tu trabajo! Si pudiste dedicar tus días y tus noches al desenfreno durante siete años, tendrás que trabajar ahora durante siete años. No te perdonaré hasta que me hayas pagado todas tus deudas hasta el último dracma'. Y el hijo regresó desesperado a los campos, con los miembros atormentados por el dolor, para seguir con su trabajo. Ya difícilmente podía tenerse en pie debido al cansancio y a los dolores, cuando llegó el séptimo día, el día del *Sabath*, en el cual nadie trabaja en el campo. Reunió el hijo entonces el resto de sus fuerzas y se arrastró hasta la casa de su padre. Y echándose a sus pies, le dijo: 'Padre, créeme por última vez y perdóname todas mis ofensas contra ti. Te juro que nunca más volveré a vivir desenfrenadamente y te obedeceré en todo. Libérame de las manos de mi opresor. Padre, mírame, contempla mis miembros enfermos y no endurezcas tu corazón'. Entonces brotaron lágrimas de los ojos del padre, que tomando a su hijo en brazos, dijo: 'Alegrémonos, porque hoy se me ha dado una gran alegría, pues he recuperado a mi amado hijo que estaba perdido'. Le vistió con sus mejores ropas, y durante todo el día hicieron fiesta. Y a la mañana siguiente dio a su hijo una bolsa de plata para que pagase a sus acreedores cuanto les debía. Y cuando su hijo regresó, le dijo: 'Ya ves, hijo mío, lo fácil que es con una vida desenfrenada contraer deudas durante siete años, pero es difícil pagarlas con el trabajo de siete años'. 'Padre, es verdaderamente duro pagarlas incluso durante sólo siete días'. Y el padre le advirtió, diciéndole: 'Sólo por esta vez se te ha permitido pagar tus deudas en siete días en lugar de en siete años; el resto te está perdonado. Pero cuida de no contraer más deudas en el tiempo venidero. Pues en verdad te digo que nadie más que tu padre perdona tus deudas por ser su hijo. Porque de haber sido con cualquier otro, habrías tenido que trabajar duramente durante siete años, como está ordenado en nuestras leyes'. 'Padre, a partir de ahora seré tu hijo amante y obediente, y nunca más contraeré deudas, pues sé que pagarlas es duro'.

»Y fue al campo de su padre y todos los días vigilaba el trabajo de los labradores. Y nunca los hizo trabajar demasiado duro, pues recordaba su propio trabajo pesado. Y pasaron los años y las posesiones de su padre aumentaron más y más bajo su mano, pues su tarea contaba con la bendición de su padre. Y lentamente devolvió a su padre diez veces más de cuanto había derrochado durante aquellos siete años. Y cuando el padre vio que el hijo trataba bien a sus sirvientes y todas sus posesiones, le dijo: 'Hijo mío, veo que mis posesiones están en buenas manos. Te doy todo mi ganado, mi casa, mis tierras y mis tesoros. Que todo esto sea tu herencia; continúa aumentándola para que goce en ti'. Y cuando el hijo hubo recibido la herencia de su padre, perdonó las deudas a todos los deudores que no podían pagarle, pues no olvidó que su deuda había sido también perdonada cuando no podía pagarla. Y Dios le bendijo con una vida larga, con muchos hijos y con muchas riquezas, pues era amable con todos sus sirvientes y con todo su ganado».

Jesús se volvió entonces al pueblo enfermo y dijo: «Os hablo en parábolas para que entendáis mejor la palabra de Dios. Los siete años de comer, de beber y de vida desenfrenada son los pecados del pasado. El malvado acreedor es Satán. Las deudas son las enfermedades. El trabajo duro son los dolores. El hijo pródigo sois vosotros mismos. El pago de las deudas es la expulsión de vosotros de los demonios y de las enfermedades y la curación de vuestro cuerpo. La bolsa de plata recibida del padre es el poder libertador de los ángeles. El padre es Dios. Las posesiones del padre son el cielo y la tierra. Los sirvientes del padre son los ángeles. El campo del padre es el mundo, que se convierte en el reino de los cielos si los Hijos del Hombre trabajan en él junto a los ángeles del Padre Celestial. Pues yo os digo que es mejor que el hijo obedezca a su padre y vigile a sus sirvientes en el campo a que se convierta en deudor del malvado acreedor, y se fatigue y sude en la servidumbre para restituir todas sus deudas. De igual modo, es mejor que los Hijos del Hombre obedezcan también las leyes de su Padre Celestial y que trabajen con sus ángeles en su reino a que se conviertan en deudores de Satán, el señor de la muerte, de todos los pecados y todas las enfermedades, a que sufran con dolores y sudor hasta haber reparado todos sus pecados. En verdad os digo que grandes y muchos son vuestros pecados. Durante muchos años habéis cedido a las tentaciones de Satán. Habéis sido glotones, bebedores y putañeros, y vuestras antiguas deudas se han multiplicado. Y ahora debéis repararlas, y el pago es duro y difícil. No os impacientéis por tanto ya al tercer día, que está santificado por Dios, y entonces acudid con corazón humilde y obediente ante el rostro de vuestro Padre Celestial, para que os perdone vuestros pecados y todas vuestras antiguas deudas. En verdad os digo que vuestro Padre Celestial os ama infinitamente, pues también él os permite pagar en siete días las deudas de siete años. Quienes le deban los pecados y enfermedades de siete años, pero le paguen honestamente y perseveren hasta el séptimo día, a ellos perdonará nuestro Padre Celestial las deudas de los siete años completos».

«¿Y si hemos pecado durante siete veces siete años?», preguntó un hombre enfermo que sufría horriblemente.

«Incluso en ese caso el Padre Celestial os perdona todas vuestras deudas en siete veces siete días.

»Felices son aquellos que perseveran hasta el fin, pues los demonios de Satán escriben todas vuestras malas acciones en un libro, el libro de vuestro cuerpo y de vuestro espíritu. En verdad os digo que no hay una sola acción pecaminosa, incluso desde el principio del mundo, que no sea escrita ante nuestro Padre

Celestial. Pues podéis escapar a las leyes hechas por los reyes, pero a las leyes de vuestro Dios, a ésas no puede escapar ninguno de los Hijos del Hombre. Y cuando acudís ante el rostro de Dios, los demonios de Satán hacen de testigos en contra vuestra por medio de vuestros actos, y Dios ve vuestros pecados escritos en el libro de vuestro cuerpo y de vuestro espíritu, y su corazón está triste. Mas si os arrepentís de vuestros pecados y buscáis a los ángeles de Dios por medio del ayuno y de la oración, entonces, por cada día que seguís ayunando y orando, los ángeles de Dios borran un año de vuestras malas acciones del libro de vuestro cuerpo y de vuestro espíritu. Y cuando la última página ha sido también borrada y limpiada de todos vuestros pecados, os encontráis ante la faz de Dios, y Dios se alegra en su corazón y os perdona todos vuestros pecados. Os libera de las garras de Satán y del sufrimiento; os hace entrar en su casa y ordena a todos sus sirvientes, y a todos sus ángeles, que os sirvan. Os da larga vida, y nunca más conocéis la enfermedad. Y si en adelante, en lugar de pecar, pasáis vuestros días haciendo buenas acciones, entonces escribirán los ángeles de Dios todas vuestras buenas acciones en el libro de vuestro cuerpo y de vuestro espíritu. En verdad os digo que ninguna acción buena queda sin ser escrita ante Dios, y así ocurre desde el principio del mundo. Pues de vuestros reyes y de vuestros gobernadores podéis esperar en vano vuestra recompensa, mas nunca han de esperar vuestras acciones buenas su premio de Dios.

»Y cuando acudís ante el rostro de Dios, sus ángeles atestiguan a vuestro favor por medio de vuestras buenas acciones. Y Dios ve vuestras buenas acciones escritas en vuestros cuerpos y en vuestros espíritus, y se alegra en su corazón. Bendice vuestro cuerpo y vuestro espíritu, y todas vuestras acciones, y os da en herencia su reino terrenal y celestial, para que en él tengáis la vida eterna. Feliz es aquel que puede entrar en el reino de Dios, pues nunca conocerá la muerte».

Y un gran silencio se hizo tras sus palabras. Y quienes se sentían desanimados obtuvieron nueva fuerza de sus palabras, y continuaron ayunando y orando. Y quien había hablado primero exclamó: «Perseveraré hasta el séptimo día». Y el segundo igualmente dijo: «Yo también perseveraré durante siete veces el séptimo día».

Jesús les respondió: «Felices son aquellos que perseveran hasta el fin, pues heredarán la tierra».

Y había entre ellos muchos enfermos atormentados por fuertes dolores, y se arrastraron con dificultad hasta los pies de Jesús, pues no podían ya caminar sobre sus pies. Dijeron: «Maestro, el dolor nos atormenta intensamente; dinos qué hacer». Y mostraron a Jesús sus pies, cuyos huesos estaban retorcidos y nudosos, y dijeron: «Ni el ángel del aire, ni el del agua, ni el de la luz del sol han disminuido nuestros dolores, a pesar de habernos bautizado nosotros mismos, y de haber ayunado, orado y seguido tus palabras en todo».

»En verdad os digo que vuestros huesos sanarán. No desesperéis, pero no busquéis vuestra curación sino en el sanador de los huesos, el ángel de la tierra. Pues de ella salieron vuestros huesos, y a ella retornarán».

Y señaló con la mano donde la corriente de agua y el calor del sol habían ablandado la tierra dando un barro arcilloso, en el borde del agua. «Hundid vuestros pies en el fango, para que el abrazo del ángel de la tierra extraiga de vuestros huesos toda inmundicia y toda enfermedad. Y veréis cómo Satán y vuestros dolores huyen del abrazo del ángel de la tierra. Así desaparecerán las nudosidades de vuestros huesos y se enderezarán, y todos vuestros dolores se marcharán».

Los enfermos siguieron sus palabras, pues sabían que se curarían.

Y había también otros enfermos que sufrían mucho con sus dolores, a pesar de lo cual persistían en su ayuno. Y sus fuerzas se agotaban, y un calor extremo los atormentaba. Y cuando se levantaban de su lecho para ir donde Jesús, les empezaba a dar vueltas la cabeza, como si un viento racheado los azotase, y tantas veces como trataban de ponerse en pie caían nuevamente al suelo. Entonces, Jesús acudió a ellos y les dijo: «Sufrís porque Satán y sus enfermedades atormentan vuestros cuerpos. Mas no temáis, pues su poder sobre vosotros terminará pronto. Porque Satán es como un vecino colérico que penetró en la casa de su vecino mientras éste estaba ausente, pretendiendo llevarse sus bienes a su propia casa. Pero alguien avisó al otro que su enemigo estaba saqueando su casa, y regresó a ella corriendo. Y cuando el malvado vecino, tras haber reunido cuanto le había apetecido, vio de lejos al dueño de la casa que regresaba a toda prisa, se encolerizó por no poder llevarse todo, y se puso a romper y estropear cuanto allí había, para destruirlo todo. Así, aunque aquellas cosas no pudieran ser suyas, tampoco las tendría el otro. Pero el dueño de la casa llegó inmediatamente y, antes de que el malvado vecino consiguiese su propósito, le asió y le echó de la casa. En verdad os digo que de igual modo penetró Satán en vuestros cuerpos, que son la morada de Dios. Y tomó en su poder cuanto deseó robar: vuestra respiración, vuestra sangre, vuestros huesos, vuestra carne, vuestros intestinos, vuestros ojos y vuestros oídos. Mas por medio de vuestro ayuno y de vuestra oración habéis llamado de nuevo al señor de vuestro cuerpo y a sus ángeles. Y ahora Satán ve que el verdadero señor de vuestro cuerpo vuelve y que es el fin de su poder. Por ello, en su cólera, reúne una vez más sus fuerzas para destruir vuestros cuerpos antes de la llegada del señor. Por eso Satán os atormenta con tanto dolor, pues siente que su fin ha llegado. Mas no dejéis que vuestros corazones se estremezcan, pues pronto aparecerán los ángeles de

Dios para ocupar nuevamente sus lugares y volver a consagrarlos como templos de Dios. Y asirán a Satán y le expulsarán de vuestros cuerpos, junto con todas sus enfermedades y todas sus inmundicias. Felices seréis, pues recibiréis la recompensa de vuestra constancia, y nunca más conoceréis enfermedad».

Y había entre los enfermos uno a quien Satán atormentaba más que a ningún otro. Su cuerpo estaba enjuto como un esqueleto y su piel amarilla como una hoja seca. Se encontraba ya tan débil que ni siquiera a gatas podía arrastrarse hasta Jesús, y sólo de lejos pudo gritarle: «Maestro, apiádate de mí, pues nunca ha sufrido ningún hombre, ni siquiera desde el principio del mundo, como yo sufro. Sé que has sido en verdad enviado por Dios, y sé que si lo deseas, puedes expulsar inmediatamente a Satán de mi cuerpo. ¿No obedecen los ángeles de Dios al mensajero de Dios? Ven, Maestro, y expulsa ahora a Satán de mí, pues se enfurece colérico en mi interior y doloroso es su tormento».

Y Jesús le respondió: «Satán te atormenta tanto porque ya has ayunado muchos días y no pagas su tributo. No le alimentas con todas las abominaciones con las que hasta ahora profanabas el templo de tu espíritu. Atormentas a Satán con el hambre, y por eso en su cólera te atormenta él a ti a su vez. No temas, pues te digo que Satán será aniquilado antes de que tu cuerpo sea destruido; pues mientras ayunas y oras, los ángeles de Dios protegen tu cuerpo para que el poder de Satán no te destruya. Y la ira de Satán es impotente contra los ángeles de Dios».

Entonces acudieron todos junto a Jesús, y con grandes voces le suplicaron, diciendo: «Maestro, compadécete de él, pues sufre más que todos nosotros, y si no expulsas enseguida a Satán de su cuerpo tememos que no sobrevivirá hasta mañana».

Y Jesús les replicó: «Grande es vuestra fe. Sea según vuestra fe, y pronto veréis, cara a cara, el horrible semblante de Satán y el poder del Hijo del Hombre. Pues expulsaré de ti al poderoso

Satán por medio de la fortaleza del inocente cordero de Dios, la criatura más débil del Señor. Porque el espíritu santo de Dios hace más poderoso al más débil que al más fuerte».

Y Jesús ordeñó a una oveja que estaba pastando la hierba. Y puso la leche sobre la arena caldeada por el sol, diciendo: «He aquí que el poder del ángel del agua ha penetrado en esta leche. Y ahora penetrará también en ella el poder del ángel de la luz del sol».

Y la leche se calentó con la fuerza del sol.

«Y ahora los ángeles del agua y del sol se unirán al ángel del aire».

Y he aquí que el vapor de la leche caliente empezó a elevarse lentamente por el aire.

«Ven y aspira por la boca la fuerza de los ángeles del agua, de la luz del sol y del aire, para que ésta penetre en tu cuerpo y expulse de él a Satán».

Y el enfermo a quien Satán tanto atormentaba aspiró a su interior profundamente aquel vapor blanquecino que ascendía.

«Satán abandonará inmediatamente tu cuerpo, ya que lleva tres días sin comer y no halla alimento alguno dentro de ti. Saldrá de ti para satisfacer su hambre con la leche caliente y humeante, pues este alimento es de su agrado. Olerá su aroma y no será capaz de resistir el hambre que lleva atormentándole desde hace tres días. Pero el Hijo del Hombre destruirá su cuerpo para que no atormente a nadie más».

Entonces el cuerpo del hombre se estremeció con una convulsión y pareció como si fuese a vomitar, pero no podía. El hombre abría la boca en busca de aire, pues se le cortaba la respiración. Y se desmayó en el regazo de Jesús.

«Ahora Satán abandona su cuerpo. Vedle». Y Jesús señaló la boca abierta del hombre enfermo.

Y vieron todos con asombro y terror cómo surgía Satán de su boca en forma de un gusano abominable, en busca de la leche humeante. Entonces Jesús tomó dos piedras angulosas con las manos, aplastó la cabeza de Satán y extrajo del cuerpo del enfermo todo el cuerpo del monstruo, que era casi tan largo como el hombre. Una vez que hubo salido aquel abominable gusano de la garganta del enfermo, éste recuperó de inmediato el aliento, y entonces cesaron todos sus dolores. Y los demás miraban con terror el abominable cuerpo de Satán.

«Mira qué bestia abominable has llevado y alimentado en tu propio cuerpo durante tantos años. La he expulsado de ti y matado para que nunca más te atormente. Da gracias a Dios por haberte liberado sus ángeles, y no peques más, no vaya a retornar otra vez Satán a tu cuerpo. Que tu cuerpo sea en adelante un templo dedicado a tu Dios».

Y todos permanecían asombrados por sus palabras y su poder. Y dijeron: «Maestro, verdaderamente eres el mensajero de Dios, y conoces todos los secretos».

«Y vosotros –les replicó Jesús– sed verdaderos Hijos de Dios para participar también de su poder y del conocimiento de todos los secretos. Pues la sabiduría y el poder solamente pueden provenir del amor a Dios. Amad, pues, a vuestro Padre Celestial y a vuestra Madre Terrenal con todo vuestro corazón y con todo vuestro espíritu. Y servidles para que sus ángeles os sirvan también a vosotros. Sacrificad todos vuestros actos a Dios. Y no alimentéis a Satán, pues la retribución del pecado es la muerte, mientras que en Dios se halla la recompensa del bien, su amor, el cual es el conocimiento y el poder de la vida eterna».

Y todos se arrodillaron para dar gracias a Dios por su amor.

Y Jesús partió, diciendo: «Vendré de nuevo junto a quienes persistan en la oración y el ayuno hasta el séptimo día. La paz sea con vosotros».

Y el hombre enfermo de quien había expulsado Jesús a Satán se puso en pie, pues la fuerza de la vida había regresado a él.

Respiró profundamente y sus ojos se esclarecieron, pues todo dolor le había abandonado. Y arrojándose al suelo donde Jesús había estado, besó la huella de sus pies y lloró.

****

Y era en el lecho de un río donde muchos enfermos ayunaban y oraban con los ángeles de Dios durante siete días y siete noches. Y grande fue su recompensa, pues seguían las palabras de Jesús. Y al acabar el séptimo día todos sus dolores los abandonaron. Y cuando el sol se levantó sobre el horizonte de la tierra, vieron que Jesús venía hacia ellos desde la montaña, con el resplandor del sol naciente alrededor de su cabeza.

«La paz sea con vosotros».

Y ellos no dijeron una palabra, sino que sólo se postraron ante él y tocaron el borde de su vestidura en agradecimiento por su curación.

«No me deis las gracias a mí, sino a vuestra Madre Terrenal, la cual os envió a sus ángeles sanadores. Id y no pequéis más, para que nunca volváis a conocer la enfermedad. Y dejad que los ángeles sanadores sean vuestros guardianes».

Pero ellos le contestaron: «¿Adónde iremos, Maestro? Pues en ti están las palabras de la vida eterna. Dinos cuáles son los pecados que debemos evitar, para que nunca más conozcamos la enfermedad».

Jesús respondió: «Así sea según vuestra fe –y se sentó entre ellos diciendo–: Fue dicho a aquellos de los antiguos tiempos: 'Honra a tu Padre Celestial y a tu Madre Terrenal, y cumple sus mandamientos, para que tus días sean cuantiosos sobre la tierra'. Y luego se les dio el siguiente mandamiento: 'No matarás', pues Dios da a todos la vida, y lo que Dios ha dado no debe el hombre arrebatarlo. Pues en verdad os digo que de una misma Madre procede cuanto vive sobre la tierra. Por tanto, quien mata, mata a su hermano. Y de él se alejará la Madre Terrenal y le retirará sus pechos vivificadores. Y se apartarán de él sus ángeles y Satán tendrá su morada en su cuerpo. Y la carne de los animales muertos en su cuerpo se convertirá en su propia tumba. Pues en verdad os digo que quien mata se mata a sí mismo, y quien come la carne de animales muertos come del cuerpo de la muerte. Pues cada gota de su sangre se convierte en la suya en veneno; su respiración en la suya en hedor; su carne en la suya en forúnculos, sus huesos en los suyos en yeso, sus intestinos en los suyos en descomposición, sus ojos en los suyos en costras, sus oídos en los suyos en ceras. Y su muerte será la suya propia. Pues solamente en el servicio de vuestro Padre Celestial son vuestras deudas de siete años perdonadas en siete días, mientras que Satán no os perdona nada y debéis pagarle todo. Ojo por ojo, diente por diente, mano por mano, pie por pie, quemadura por quemadura, herida por herida, vida por vida, muerte por muerte. Pues el coste del pecado es la muerte. No matéis, ni comáis la carne de vuestra inocente presa, no sea que os convirtáis en esclavos de Satán, pues ése es el camino de los sufrimientos y conduce a la muerte, sino haced la voluntad de Dios, de modo que sus ángeles os sirvan en el camino de la vida. Obedeced, por tanto, las palabras de Dios: 'Mirad, os he dado toda hierba que lleva semilla, sobre la faz de toda la tierra, y todo árbol, en el que se halla el fruto de una semilla que dará el árbol. Éste será vuestro alimento. Y a todo animal de la tierra, y a toda ave del cielo, y a todo lo que se arrastra sobre la tierra, donde se halle el aliento de la vida, doy toda hierba verde como alimento. También la leche de todo lo que se mueve y que vive sobre la tierra será vuestro alimento. Al igual que a ellos les he dado toda hierba verde, así os doy a vosotros su leche. Pero no comeréis la carne, ni la sangre que la aviva. Y en verdad demandaré vuestra sangre que brota con fuerza, y vuestra sangre en la que se halla vuestra alma. Demandaré todos los animales asesinados y las almas de todos los hombres asesinados. Pues yo, el Señor tu Dios, soy un Dios fuerte y celoso, que castiga la iniquidad de los padres sobre sus hijos hasta la tercera y cuarta generación de aquellos que me odian, y que muestra misericordia hacia los millares de aquellos que me aman y cumplen mis mandamientos. Ama al Señor tu Dios con todo tu corazón, con toda tu alma y con todas tus fuerzas; éste es el primer y más grande mandamiento. Y el segundo es según éste: 'Ama a tu prójimo como a ti mismo'. No hay mandamiento más grande que éstos».

Y tras estas palabras todos permanecieron en silencio, excepto uno que voceó: «¿Qué debo hacer, Maestro, si veo que una bestia salvaje ataca a mi hermano en el bosque? ¿Debo dejar perecer a mi hermano o matar a la bestia salvaje? ¿No transgrediría así la ley?».

Y Jesús le respondió: «Fue dicho a aquéllos de los antiguos tiempos: 'Todos los animales que se mueven sobre la tierra, todos los peces del mar y todas las aves del cielo han sido puestos bajo vuestro poder'. En verdad os digo que de todas las criaturas que viven sobre la tierra, sólo el hombre creó Dios a su imagen. Por ello, los animales son para el hombre, y no el hombre para los animales. No transgredirás, por tanto, la ley si matas al animal salvaje para salvar a tu hermano. Pues en verdad te digo que el hombre es más que el animal. Pero quien mata al animal sin causa alguna, sin que éste le ataque, por el deseo de matar, o por su carne, o porque se oculta, o incluso por sus colmillos, malvada es la acción que comete, pues él mismo se convierte en bestia salvaje. Y por tanto su fin ha de ser también como el fin de los animales salvajes».

Y otro dijo: «Moisés, el más grande de Israel, consintió a nuestros antepasados comer la carne de animales limpios, y sólo prohibió la carne de los animales impuros. ¿Por qué, entonces, nos prohíbes la carne de todos los animales? ¿Qué ley viene de Dios, la de Moisés o la tuya?».

Y Jesús respondió: «Dios dio, a través de Moisés, diez mandamientos a vuestros antepasados. 'Estos mandamientos son duros', dijeron vuestros antepasados y no pudieron cumplirlos. Cuando Moisés vio esto, tuvo compasión de sus gentes y no quiso que se perdiesen. Y les dio entonces diez veces diez mandamientos, menos duros, para que los siguiesen. En verdad os digo que si vuestros antepasados hubiesen sido capaces de seguir los diez mandamientos de Dios, Moisés no habría tenido nunca necesidad de sus diez veces diez mandamientos. Pues aquel cuyos pies son fuertes como la montaña de Sión no necesita muletas, mientras que aquel cuyos miembros flaquean llega más lejos con muletas que sin ellas. Y Moisés dijo al Señor: 'Mi corazón está lleno de tristeza, pues mi pueblo se perderá. Porque no tienen conocimiento, ni son capaces de comprender tus mandamientos. Son como niños pequeños que no pueden entender aún las palabras de su padre. Consiente, Señor, que les dé otras leyes, para que no se pierdan. Si ellos no pueden estar contigo, Señor, que al menos no estén contra ti; que puedan mantenerse a sí mismos, y cuando haya llegado el momento y estén maduros para tus palabras, revélales tus leyes'. Por eso rompió Moisés las dos tablas de piedra donde estaban escritos los diez mandamientos, y les dio en su lugar diez veces diez. Y de estas diez veces diez, los escribas y fariseos han hecho cien veces diez mandamientos. Y han puesto insoportables cargas sobre vuestros hombros, que ni ellos mismos sobrellevan. Pues cuanto más cercanos a Dios están los mandamientos, menos necesitamos; y cuanto más lejanos se hallan de Dios, más necesitamos entonces. Por eso innumerables son las leyes de los fariseos y de los escribas, siete las leyes del Hijo del Hombre, tres las de los ángeles y una la de Dios.

»Por eso yo solamente os enseño las leyes que podéis comprender, para que os convirtáis en hombres y sigáis las siete leyes del Hijo del Hombre. Entonces os revelarán también los ángeles sus leyes, para que el espíritu santo de Dios descienda sobre vosotros y os guíe hacia su ley».

Y todos estaban asombrados de su sabiduría, y le pedían: «Continúa, Maestro, y enséñanos todas las leyes que podemos recibir».

Y Jesús continuó: «Dios ordenó a vuestros antepasados: 'No matarás'. Pero su corazón estaba endurecido y mataron. Entonces, Moisés deseó que por lo menos no matasen hombres, y les permitió matar a los animales. Y entonces el corazón de vuestros antepasados se endureció más aún, y mataron a hombres y animales por igual. Mas yo os digo: no matéis ni a hombres ni a animales, ni siquiera el alimento que llevéis a vuestra boca. Pues si coméis alimento vivo, él mismo os vivificará; pero si matáis vuestro alimento, la comida muerta os matará también. Pues la vida viene sólo de la vida, y de la muerte viene siempre la muerte. Porque todo cuanto mata vuestros alimentos, también mata vuestros cuerpos. Y todo cuanto mata vuestros cuerpos también mata vuestras almas. Y vuestros cuerpos se convierten en lo que son vuestros alimentos, igual que vuestros espíritus se convierten en lo que son vuestros pensamientos. Por tanto, no comáis nada que el fuego, el hielo o el agua haya destruido. Pues los alimentos quemados, helados o descompuestos quemarán, helarán y corromperán también vuestro cuerpo. No seáis como el loco agricultor que sembró en su campo semillas cocinadas, heladas y descompuestas, y llegó el otoño y sus campos no dieron nada, y grande fue su aflicción, sino sed como aquel agricultor que sembró en su campo semilla viva, y cuyo campo dio espigas vivas de trigo, pagándole el céntuplo por las semillas que plantó. Pues en verdad os digo, vivid sólo del fuego de la vida, y no preparéis vuestros alimentos con el fuego de la muerte, que mata vuestros alimentos, vuestros cuerpos y también vuestras almas».

«Maestro, ¿dónde se halla el fuego de la vida?», preguntaron algunos de ellos.

«En vosotros, en vuestra sangre y en vuestros cuerpos».

«¿Y el fuego de la muerte?», preguntaron otros.

«Es el fuego que arde fuera de vuestro cuerpo, que es más caliente que vuestra sangre. Con ese fuego de muerte cocináis vuestro alimento en vuestros hogares y en vuestros campos. En verdad os digo que el mismo fuego destruye vuestro alimento y vuestros cuerpos como el fuego de la maldad que destroza vuestros pensamientos y vuestros espíritus. Pues vuestro cuerpo es lo que coméis, y vuestro espíritu es lo que pensáis. No comáis nada, por tanto, que haya matado un fuego más fuerte que el fuego de la vida. Preparad, pues, y comed todas las frutas de los árboles, todas las hierbas de los campos y toda la leche de los animales buena para comer. Pues todas estas cosas las ha nutrido y madurado el fuego de la vida, todas son dones de los ángeles de nuestra Madre Terrenal. Mas no comáis nada a lo que sólo el fuego de la muerte haya dado sabor, pues tal es de Satán».

«¿Cómo deberíamos cocer sin fuego el pan nuestro de cada día, Maestro?», preguntaron algunos con desconcierto.

«Dejad que los ángeles de Dios preparen vuestro pan. Humedeced vuestro trigo para que el ángel del agua lo penetre. Ponedlo entonces al aire, para que el ángel del aire lo abrace también. Y dejadlo de la mañana a la tarde bajo el sol, para que el ángel de la luz del sol descienda sobre él. Y la bendición de los tres ángeles hará pronto que el germen de la vida brote en vuestro trigo. Moled entonces vuestro grano y haced finas obleas, como hicieron vuestros antepasados cuando partieron de Egipto, la morada de la esclavitud. Ponedlas de nuevo bajo el sol en cuanto aparezca y, cuando se halle en lo más alto de los cielos, dadles la vuelta para que el ángel de la luz del sol las abrace también por el otro lado, y dejadlas así hasta que el sol se ponga. Pues los ángeles del agua, del aire y de la luz del sol alimentaron y maduraron el trigo en el campo, y ellos deben igualmente preparar también vuestro pan. Y el mismo sol que, con el fuego de la vida, hizo que el trigo creciese y madurase, debe cocer vuestro pan con el mismo fuego. Pues el fuego del sol da vida al trigo, al pan y al cuerpo. Pero el fuego de la muerte mata el trigo, el pan y el cuerpo. Y los ángeles vivos del Dios Vivo solamente sirven a los hombres vivos. Pues Dios es el Dios de lo vivo y no el Dios de lo muerto.

»Comed, pues, siempre de la mesa de Dios: los frutos de los árboles, el grano y las hierbas del campo, la leche de los animales y la miel de las abejas. Pues todo más allá de esto es de Satán y por los caminos del pecado y la enfermedad conduce hacia la muerte, mientras que los alimentos que coméis de la abundante mesa de Dios dan fortaleza y juventud a vuestro cuerpo, y nunca conoceréis la enfermedad. Pues la mesa de Dios alimentó a Matusalén, el viejo, y en verdad os digo que si vivís igual como él vivió, también el Dios de lo vivo os dará una larga vida sobre la tierra como la suya.

»Pues en verdad os digo que el Dios de lo vivo es más rico que todos los ricos de la tierra y su abundante mesa es más rica que la más rica de las mesas de festín de todos los ricos de la tierra. Comed, pues, durante vuestra vida en la mesa de nuestra Madre Terrenal, y nunca conoceréis la necesidad. Y cuando comáis en su mesa, comedlo todo tal como se halle en la mesa de la Madre Terrenal. No cocinéis ni mezcléis todas las cosas unas con otras, o vuestros intestinos se convertirán en ciénagas humeantes. Pues en verdad os digo que esto es abominable a los ojos del Señor.

»Y no seáis como el sirviente avaricioso que comía siempre de la mesa de su señor la ración de otros. Y todo lo devoraba y lo mezclaba en su glotonería. Y viendo aquello, su señor se encolerizó con él y le expulsó de la mesa. Y cuando todos acabaron su comida, mezcló cuanto quedó en la mesa y llamó al glotón sirviente, y le dijo: 'Toma y come esto junto a los cerdos, pues tu lugar está entre ellos, y no en mi mesa'.

»Tenedlo en cuenta por tanto, y no profanéis con todo tipo de abominaciones el templo de vuestros cuerpos. Contentaos con dos o tres tipos de alimento, que siempre hallaréis en la mesa de nuestra Madre Terrenal. Y no deseéis devorar todo cuanto veáis en derredor vuestro. Pues en verdad os digo que si mezcláis en vuestro cuerpo todo tipo de alimentos, entonces cesará la paz en vuestro cuerpo y se desatará en vosotros una guerra interminable. Y se aniquilará vuestro cuerpo como los hogares y los reinos que divididos entre sí aseguran su propia destrucción. Pues vuestro Dios es el Dios de la paz, y nunca ayuda a la división. No levantéis, pues, contra vosotros la cólera de Dios, para que no vaya a expulsaros de su mesa y os veáis obligados a ir a la mesa de Satán, donde el fuego de los pecados, de las enfermedades y de la muerte corromperá vuestros cuerpos.

»Y cuando comáis, no comáis hasta no poder más. Huid de las tentaciones de Satán y escuchad la voz de los ángeles de Dios. Pues Satán y su poder os tentarán siempre a que comáis más y más. Pero vivid por el espíritu y resistid los deseos del cuerpo. Y que vuestro ayuno complazca siempre a los ángeles de Dios. Así que tomad cuenta de cuanto hayáis comido cuando os sintáis saciados y comed siempre menos de una tercera parte de ello.

»Que el peso de vuestro alimento diario sea menos de una mina, pero vigilad que no exceda de dos. Entonces os servirán siempre los ángeles de Dios, y nunca caeréis en la esclavitud de Satán y de sus enfermedades. No obstaculicéis la obra de los ángeles en vuestro cuerpo comiendo demasiado a menudo. Pues en verdad os digo que quien come más de dos veces diarias hace en él la obra de Satán. Y los ángeles de Dios abandonan su cuerpo y pronto toma Satán posesión de él. Comed tan sólo cuando el sol esté en lo más alto de los cielos, y de nuevo cuando se ponga. Y nunca conoceréis enfermedad, pues ello halla aprobación a los ojos del Señor. Y si deseáis que los ángeles se complazcan en vuestro cuerpo y que Satán os evite de lejos, sentaos entonces sólo una vez al día a la mesa de Dios. Y entonces serán numerosos vuestros días sobre la tierra, pues esto es grato a ojos del Señor. Comed siempre cuando sea servida ante vosotros la mesa de Dios, y comed siempre de aquello que halléis sobre la mesa de Dios. Pues en verdad os digo que Dios sabe bien lo que vuestro cuerpo necesita y cuándo lo necesita.

»Con la llegada del mes de *Iyar* comed cebada; con el mes de *Sivan* comed trigo, la más perfecta de las hierbas que dan semilla. Y que vuestro pan de cada día sea hecho de trigo, para que el Señor cuide vuestros cuerpos. Con el mes de *Tammuz* comed la uva ácida, para que vuestro cuerpo adelgace y Satán lo abandone. En el mes de *Elul*, recoged la uva para que su jugo os sirva de bebida. En el mes de *Marcheshvan* recoged la uva dulce, endulzada y seca por el ángel de la luz del sol, para que aumente vuestros cuerpos y que los ángeles del Señor moren en ellos. Debéis comer los higos jugosos en los meses de *Ab* y de *Shebat*, y los que sobren que el ángel de la luz del sol os los guarde. Comedlos con las almendras durante todos los meses en que los árboles no dan frutos. Y las hierbas que brotan después de la lluvia comedlas durante el mes de *Thebet*, para purificar vuestra sangre de todos vuestros pecados. Y en el mismo mes empezad a beber también la leche de vuestros animales, pues para ello dio el Señor las hierbas de los campos a todos los animales que producen leche, para que ellos alimentasen al hombre con su leche. Pues en verdad os digo que felices son aquellos que comen sólo en la mesa de Dios, y renuncian a todas las abominaciones de Satán. No comáis alimentos impuros traídos de países lejanos, sino comed siempre cuanto produzcan vuestros árboles. Pues vuestro Dios sabe bien lo que os es necesario, y dónde y cuándo. Y él da a todos los pueblos de todos los reinos los alimentos mejores para cada uno de ellos. No comáis como los paganos, que se atiborran con prisa, profanando sus cuerpos con todo tipo de abominaciones.

»Pues el poder de los ángeles de Dios penetra en vosotros con el alimento vivo que el Señor os proporciona de su mesa real. Y cuando comáis, tened sobre vosotros al ángel del aire, y bajo vosotros al ángel del agua. Respirad larga y profundamente en todas vuestras comidas para que el ángel del aire bendiga vuestro alimento. Y masticadlo bien con vuestros dientes, para que se vuelva agua y que el ángel del agua lo convierta dentro de vuestro cuerpo en sangre. Y comed lentamente, como si fuese una oración que hicieseis al Señor. Pues en verdad os digo que el poder de Dios penetra en vosotros si coméis de tal modo en su mesa, mientras que Satán convierte en ciénaga humeante el cuerpo de aquel a quien no descienden los ángeles del aire y del agua en sus comidas. Y el Señor no le permite permanecer más tiempo en su mesa. Pues la mesa del Señor es como un altar, y quien come en la mesa de Dios se halla en un templo. Pues en verdad os digo que el cuerpo de los Hijos del Hombre se convierte en un templo, y sus entrañas en un altar, si cumplen los mandamientos de Dios. Por tanto, no pongáis nada sobre el altar del Señor cuando vuestro espíritu esté irritado, ni penséis en alguien con ira en el templo de Dios. Y entrad solamente en el santuario del Señor cuando sintáis en vosotros la llamada de sus ángeles, pues cuanto coméis con tristeza, o con ira, o sin deseo, se convierte en veneno en vuestro cuerpo. Pues el aliento de Satán lo corrompe todo. Poned con alegría vuestras ofrendas sobre el altar de vuestro cuerpo, y dejad que todos vuestros malos pensamientos se alejen de vosotros al recibir en vuestro cuerpo el poder de

Dios proveniente de su mesa. Y nunca os sentéis a la mesa de Dios antes de que él os llame por medio del ángel del apetito.

»Regocijaos, pues, siempre con los ángeles de Dios en su mesa real, pues esto complace al corazón del Señor. Y vuestra vida será larga sobre la tierra, pues el más valioso de los sirvientes de Dios os servirá todos los días: el ángel de la alegría.

»Y no olvidéis que cada séptimo día es santo y está consagrado a Dios. Durante seis días alimentad vuestro cuerpo con los dones de la Madre Terrenal, mas en el séptimo día santificad vuestro cuerpo para vuestro Padre Celestial. Y en el séptimo día no comáis ningún alimento terrenal, sino vivid tan sólo de las palabras de Dios. Y estad todo el día con los ángeles del Señor en el reino del Padre Celestial. Y en el séptimo día dejad que los ángeles de Dios levanten el reino de los cielos en vuestro cuerpo, ya que trabajasteis durante seis días en el reino de la Madre Terrenal. Y no dejéis que ningún alimento entorpezca la obra de los ángeles en vuestro cuerpo a lo largo del séptimo día. Y Dios os concederá larga vida sobre la tierra, para que tengáis vida eterna en el reino de los cielos. Pues en verdad os digo que si no conocéis más enfermedades sobre la tierra, viviréis por siempre en el reino de los cielos.

»Y Dios os enviará cada mañana al ángel de la luz del sol para despertaros de vuestro sueño. Obedeced, por tanto, la llamada de vuestro Padre Celestial y no permanezcáis ociosos en vuestros lechos, pues los ángeles del aire y del agua ya os aguardan fuera. Y trabajad durante todo el día con los ángeles de la Madre Terrenal para que lleguéis a conocerlos a ellos y sus obras cada vez más y mejor. Mas cuando el sol se ponga y vuestro Padre Celestial os envíe su ángel más preciado, el sueño, id a descansar y permaneced toda la noche con el ángel del sueño. Y entonces os enviará el Padre Celestial sus ángeles desconocidos para que permanezcan junto a vosotros a lo largo de la noche. Y los ángeles desconocidos del Padre Celestial os enseñarán muchas cosas sobre el reino de Dios, así como los ángeles que conocéis de la Madre Terrenal os instruyen en las cosas de su reino. Pues en verdad os digo que seréis cada noche los invitados del reino de vuestro Padre Celestial si cumplís sus mandamientos. Y cuando os despertéis por la mañana, sentiréis en vosotros el poder de los ángeles desconocidos. Y vuestro Padre Celestial os los enviará cada noche para que enriquezcan vuestro espíritu, igual que la Madre Terrenal os envía sus ángeles para que construyan vuestro cuerpo. Pues en verdad os digo que si durante el día os acoge en sus brazos vuestra Madre Terrenal, y si durante la noche os respira su beso el Padre Celestial, entonces los Hijos de los Hombres os convertiréis en los Hijos de Dios.

»Resistid de día y de noche las tentaciones de Satán. No os despertéis de noche ni durmáis de día, no sea que os abandonen los ángeles de Dios.

»Ni tampoco os deleitéis con ninguna bebida, ni en ningún humo de Satán, que os despertarán por la noche y os harán dormir de día. Pues en verdad os digo que todas las bebidas y humos de Satán son abominaciones a los ojos de vuestro Dios.

»No cometáis putaísmo, ni de día ni de noche, pues el putañero es como un árbol cuya savia se va del tronco. Árbol que se secará antes de tiempo y no llegará a dar frutos. Por tanto, no putañeéis para que Satán no seque vuestro cuerpo y el Señor haga infructuosa vuestra semilla.

»Evitad cuanto esté demasiado caliente o demasiado frío. Pues es la voluntad de vuestra Madre Terrenal que ni el calor ni el frío dañen vuestro cuerpo. Y no dejéis que vuestros cuerpos estén más calientes o más fríos del calor o del frío que les proporcionen sus ángeles. Y si cumplís los mandamientos de la Madre Terrenal, entonces en cuanto vuestro cuerpo se vuelva demasiado caliente os enviará al ángel del frescor para que os refresque, y en cuanto vuestro cuerpo esté demasiado frío os enviará al ángel del calor para calentaros de nuevo.

»Seguid el ejemplo de todos los ángeles del Padre Celestial y de la Madre Terrenal, que trabajan día y noche sin cesar en los reinos de los cielos y de la tierra. Por tanto, recibid también en vosotros mismos a los más poderosos de todos los ángeles de Dios, los ángeles de los actos, y trabajad juntos sobre el reino de Dios. Seguid el ejemplo del agua cuando corre, del viento al soplar, del sol naciente y poniente, de las plantas y los árboles en su crecer, de los animales cuando corren y retozan, de la luna creciente y menguante, de las estrellas en su ir y venir; todas estas cosas se mueven y realizan sus tareas. Porque cuanto tiene vida se mueve, y sólo lo que está muerto permanece quieto. Y Dios es el Dios de lo vivo, y Satán el de lo muerto. Servid, pues, al Dios Vivo, para que el movimiento eterno de la vida os mantenga y para que escapéis de la eterna inmovilidad de la muerte. Trabajad, pues, sin cesar para levantar el reino de Dios, de modo que no seáis arrojados al reino de Satán. Pues una alegría eterna abunda en el reino vivo de Dios, mientras que una quieta tristeza oscurece el reino de la muerte de Satán. Sed, pues, verdaderos Hijos de vuestra Madre Terrenal y de vuestro Padre Celestial, para que no caigáis en esclavos de Satán. Y vuestra Madre Terrenal y vuestro Padre Celestial os enviarán sus ángeles para que os enseñen, os amen y os sirvan. Y sus ángeles escribirán los mandamientos de Dios en vuestra cabeza, en vuestro corazón y en vuestras manos, para que conozcáis, sintáis y cumpláis los mandamientos de Dios.

»Y orad todos los días a vuestro Padre Celestial y a vuestra Madre Terrenal, para que vuestra alma se vuelva tan perfecta como el santo espíritu de vuestro Padre Celestial, y para que vuestro cuerpo se vuelva tan perfecto como el cuerpo de vuestra Madre Terrenal. Pues si entendéis, sentís y cumplís los mandamientos, entonces todo cuanto pidáis a vuestro Padre Celestial y a vuestra Madre Terrenal os será concedido. Porque la sabiduría, el amor y el poder de Dios están por encima de todo.

»Orad, por tanto, del siguiente modo a vuestro Padre Celestial: 'Padre nuestro que estás en los cielos, bendito sea tu nombre. Venga a nosotros tu reino. Hágase tu voluntad como en los cielos así en la tierra. El pan nuestro de cada día dánosle hoy. Y perdona nuestras deudas, así como nosotros perdonamos a nuestros deudores. Y no nos conduzcas a la tentación, sino líbranos del maligno. Pues tuyo es el reino, el poder y la gloria por siempre. Amén'.

»Y orad del siguiente modo a vuestra Madre Terrenal: 'Madre nuestra que estás en la tierra, bendito sea tu nombre. Venga a nosotros tu reino y hágase tu voluntad en nosotros así como en ti se hace. Igual que envías cada día a tus ángeles, envíalos también a nosotros. Perdónanos nuestros pecados, porque todos los expiamos en ti. No nos conduzcas a la enfermedad, sino líbranos del mal, pues tuya es la tierra, el cuerpo y la salud. Amén'.»

Y todos rezaron junto a Jesús al Padre Celestial y a la Madre Terrenal.

Y después Jesús les habló así: «Igual que vuestros cuerpos han renacido por medio de los ángeles de la Madre Terrenal, que vuestro espíritu renazca de igual modo por medio de los ángeles del Padre Celestial. Convertíos, pues, en verdaderos Hijos de vuestro Padre y de vuestra Madre, y en verdaderos Hermanos de los Hijos de los Hombres. Hasta ahora estuvisteis en guerra con vuestro Padre, con vuestra Madre y con vuestros Hermanos. Y habéis servido a Satán. Vivid a partir de hoy en paz con vuestro Padre Celestial, con vuestra Madre Terrenal y con vuestros Hermanos, los Hijos de los Hombres. Y luchad únicamente en contra de Satán, para que no os robe vuestra paz. A vuestro cuerpo doy la paz de vuestra Madre Terrenal, y la paz de vuestro Padre

Celestial a vuestro espíritu. Y que la paz de ambos reine entre los Hijos de los Hombres.

»¡Venid a mí cuantos os sintáis hastiados y cuantos padezcáis los conflictos y las aflicciones! Pues mi paz os fortalecerá y confortará. Porque mi paz rebosa dicha. Por eso os saludo siempre de este modo: '¡La paz sea con vosotros!'. Saludaos siempre por tanto entre vosotros de igual manera, para que a vuestro cuerpo descienda la paz de vuestra Madre Terrenal y a vuestro espíritu la paz de vuestro Padre Celestial. Y entonces hallaréis la paz también entre vosotros, pues el reino de Dios estará en vuestro interior. Y ahora regresad entre vuestros Hermanos, con quienes hasta ahora estuvisteis en guerra, y dadles a ellos también vuestra paz. Pues felices son quienes luchan por la paz, porque hallarán la paz de Dios. Id, y no pequéis más. Y dad a todos vuestra paz, igual que yo os he dado la mía. Pues mi paz es la de Dios. La paz sea con vosotros».

Y los dejó.

Y su paz descendió sobre ellos; y con el ángel del amor en su corazón, con la sabiduría de la ley en su cabeza y con el poder del renacimiento en sus manos, se dispersaron entre los Hijos de los Hombres para llevar la luz de la paz a aquellos que luchaban en la oscuridad.

Y se separaron, deseándose unos a otros:

«LA PAZ SEA CONTIGO».

Apéndice[1]

A mediados del siglo IV san Jerónimo comenzó a encontrar trozos de algunos manuscritos antiguos en poder de unos anacoretas que vivían en cabañas, en un valle escondido del desierto de Calkis. A medida que aprendía hebreo y arameo, empezó a entender el significado de los pergaminos fragmentados, y poco a poco reunió más. Durante los años siguientes los fue traduciendo al latín. Las enseñanzas que esos rollos contenían le afectaron profundamente. Quedó marcado para el resto de su vida, porque entre ellos –que tanto le costó traducir, ya que para ello tuvo que aprender dos difíciles lenguas y sacrificar toda una vida de intensa dedicación a «la vía del desierto»– se hallaba el Evangelio Esenio de la Paz.

Tras su muerte sus manuscritos se dispersaron, así como sus traducciones hebreas y arameas, pero muchos alcanzaron el refugio

1. Fragmentos de las primeras páginas del libro *Search for the Ageless*, vol. I, de E. Székely, Academy Books, 1977.

de los Archivos Vaticanos. Al siglo siguiente, en su búsqueda de la verdad, el joven san Benito tropezó en algún lugar con las traducciones de san Jerónimo, igual que muchos años antes el mismo Jerónimo se topó con los rollos originales en su propia búsqueda de la verdad. Las enseñanzas esenias tuvieron un profundo efecto sobre el joven eremita, atormentado como estaba por el amenazador desorden mundial de la Edad Media. Inspirado por la visión de la Hermandad Esenia, Benito concibió la Santa Regla, esa obra maestra de orden y simplicidad que dio lugar a un sistema monástico que a la larga salvó la cultura occidental de la extinción durante las edades oscuras. Cuando Benito fundó el más famoso de sus monasterios en Monte Cassino, ciertos antiguos rollos encontraron un lugar seguro detrás de esas tranquilas paredes. Y allí durmieron en los estantes del Scriptorium, donde los monjes pacientemente copiaban pergamino tras pergamino, siglo tras siglo. Esperaron también pacientemente bajo capas de polvo en los Archivos Secretos del Vaticano. Habían sido escritos centenares de años antes por los mismos esenios, la misteriosa *fuente*. Fueron resucitados y traducidos en el siglo IV por san Jerónimo, *la corriente*. Inspiraron la fundación de una orden que salvaría la cultura occidental de la extinción, por san Benito, *el río*. Y ahora estaban a punto de ser redescubiertos por mí.

Todo comenzó con un trabajo que escribí sobre san Francisco y leí como despedida en mi último curso de enseñanza media. Se titulaba «Deja que san Francisco cante en tu corazón», y ponía en palabras mi amor y devoción por el amable «santo pagano» que siempre había sido mi favorito. Estaba acabando mis años de estudios secundarios en un monasterio piarista antes de salir para una universidad unitaria. Mi madre –francesa católica– y mi padre –transilvano unitario– habían llegado a una solución pacífica con respecto a mi educación. Mi trabajo impresionó mucho a nuestro querido director, monseñor Mondik, y en cuanto me licencié me llamó a su despacho para darme unas noticias asombrosas. Yo había dicho en el trabajo que mi mayor deseo era aprender todo lo que pudiera sobre san Francisco, y ahora él me contaba que yo había sido elegido para estudiar durante algunos meses en los Archivos Secretos y llevar a cabo precisamente eso. Monseñor Mondik me dio una carta de presentación para su amigo de la infancia, monseñor Mercati, que ahora era jefe de los Archivos. La única condición era que debería vivir en la pobreza, en la castidad y en la obediencia –justo como un monje franciscano– durante el tiempo de permanencia en Roma, lo que significaba vivir y vestir del modo más simple posible, y comer sólo pan moreno, queso, fruta y hortalizas. Por otro lado, monseñor Mondik me dijo que tendría un banquete espiritual cada día al disponer de los inagotables tesoros de las edades que se encontraban en los Archivos y en la Biblioteca del Vaticano. Desde la perspectiva actual, transcurridos muchos años, todo lo ocurrido fue que viví como un esenio para estudiar al que era la personificación misma del espíritu esenio: san Francisco. Y aunque entonces no lo sabía, pronto conocería de los esenios más que nadie en casi quinientos años.[2]

Monseñor Mercati, una de las personalidades más inolvidables que jamás he conocido, un amable y bondadoso sabio de ojos ardientes y una memoria sobrehumana que –se decía– abarcaba los cuarenta kilómetros de largos estantes de los Archivos, me dijo que había leído mi trabajo y me preguntó por qué quería estudiar en los Archivos. Le conté mi deseo de saber cuál era la fuente del conocimiento de san Francisco, estudiar todo lo que había conocido el santo más original y único. La respuesta que me dio fue misteriosa y fascinante. Me dijo que san Francisco era *el océano* y yo debía encontrar *el río* que lo nutría, igual que él lo

2. Era junio de 1923 y el autor tenía dieciocho años.

hizo. Por tanto, debería buscar *la corriente*. Y luego, si estaba afirmado en el Camino, encontraría *la fuente*.

Yo estaba tremendamente animado, no sólo por el reto de sus palabras, sino también por su amabilidad hacia mí, por la señorial compasión que brillaba en sus ojos y me envolvía como en un abrazo. Decidí encontrar la fuente que decía, aunque me llevara el resto de la vida. Y cuando observé bien por primera vez los Archivos Secretos del Vaticano, comencé a pensar que eso me ocuparía, o tal vez más. Había salas y corredores sin fin, docenas de subdivisiones, una habitación con más de seiscientos índices escritos a mano, y más de cuarenta kilómetros de estanterías de rollos, pergaminos, manuscritos y códices. En una esquina, había una habitación empolvada con más de diez mil envoltorios de documentos ¡sin examinar! Pero no estaba solo en mi perplejidad. Se congregaban allí estudiantes de todo el mundo, y compartimos una fraternal atmósfera de camaradería y unión. No siempre entendíamos las lenguas de los demás, pero teníamos en común una intensa dedicación a nuestros estudios, y una inquebrantable devoción a monseñor Mercati, a quien todos queríamos.

Quizá por mi fluidez en latín y griego, quizá por mi paciente lucha con los índices polvorientos, un día monseñor Mercati me premió con otra de sus misteriosas manifestaciones: «Recuerda, hijo mío, que *el océano latino* está alimentado por *el río griego*, que se nutre de *la corriente aramea*, que se origina en *la fuente hebrea*». Y me asignó un monje francés para que me ayudara en arameo y en hebreo, lenguas que no dominaba como el latín y el griego. Sus palabras iluminaron algo en mi mente, como un movimiento del ajedrez que repentinamente revela todo el juego, y poco después supe que estaba en el camino correcto.

Fue entonces cuando decidí descender por una misteriosa escalera circular que conducía a la parte más antigua de los Archivos, donde se guardaban los documentos más preciosos y antiguos. También me había fijado en una puerta siempre cerrada próxima al final del corredor inferior que conducía al despacho de monseñor Mercati, de la que sólo él tenía la llave. Pero por el momento me concentré en la mencionada parte más antigua de los Archivos, lidiando como nunca antes con cuatro lenguas arcaicas, moviéndome tanto con la intuición como con un trabajo de detective perseverante.

Cuando finalmente tuve mi primera clave real sentí una profunda satisfacción y un insaciable deseo de saber más. Fui inmediatamente a monseñor Mercati y le pedí permiso para visitar los archivos del monasterio benedictino de Monte Cassino. Me lo concedió con un guiño de ojos. Su carta de recomendación para el abad estaba fechada del día anterior. Se divirtió con mi asombro: «Ve con Dios, hijo mío. Creo que has encontrado *el río*».

Había encontrado *el río*, aunque mi primera visita a Monte Cassino no reveló *la corriente*. Pero después de pasar una semana en el monasterio observando el paseo de los monjes por los bosquecillos y trabajando en su huerto, comiendo su pan y los frutos todos juntos en sus comidas comunitarias, meditando en sus pequeñas celdas, cantando unidos sus bellos cánticos mañana y tarde, supe lo que tenía que encontrar en los Archivos Vaticanos, y supe dónde buscarlo.

Volví a monseñor Mercati. Reuní todo mi valor y le pedí la llave de su habitación cerrada. Hubo una larga pausa mientras sus ojos buscaron los míos, y entonces me la dio solemnemente deseándome suerte y diciéndome que me asegurase de devolvérsela.

Entré en la habitación secreta como un antiguo iniciado debía de haber entrado en la cámara secreta de la Gran Pirámide, y me abrí paso solo a través de los polvorientos manuscritos empleando todo el conocimiento –que me había costado tanto conseguir– para hallar el Camino. No transcurrió mucho tiempo hasta que encontré lo que buscaba.

Pocos días después devolví la llave a monseñor Mercati y le pedí permiso para volver a Monte Cassino. Miró mi rostro y sonrió: «Me alegro de que hayas encontrado *la corriente*, hijo mío. Ahora espero que localices *la fuente*». Y de nuevo me entregó una carta fechada el día anterior, esta vez pidiendo al abad que me dejara usar las grandes vitrinas del Scriptorium.

Ahondé en los archivos de Monte Cassino como pez en el agua. *El río* de san Benito me llevó, me impulsó *la corriente* de san Jerónimo, que había descubierto en el precioso almacén de la habitación cerrada, y escudriñé versiones inéditas de Josefo, Filón y Plinio, junto a muchos otros clásicos latinos. De nuevo vi los hermosos manuscritos de san Jerónimo. Muchos de estos inapreciables trabajos se habían considerado perdidos desde hacía mucho tiempo, y yo leía y leía como en un cuento de tesoros de increíble riqueza. Averigüé que otras copias de sus trabajos existían aún en otros monasterios benedictinos, como en la biblioteca de San Salvatore, donde permaneció durante siglos una bella copia hasta que con la destrucción de la abadía llegó a la Biblioteca Laurenziana de Florencia, donde ahora se la ha catalogado como el *Evangelio Amiatino*.

Los manuscritos originales de san Jerónimo, que se creían perdidos en el siglo V, por fortuna sobrevivieron en el monasterio benedictino de Monte Cassino y en el Vaticano. Entre estos manuscritos estaba el texto completo del Evangelio Esenio de la Paz.

Había encontrado *la fuente*: fragmentos hebreos del Evangelio Esenio, la versión aramea de la cual yo había leído en los estantes de la habitación cerrada de monseñor Mercati. Supe ahora la procedencia de la luz intensa que brillaba en esa figura amada, y percibí por un instante la heroica medida de su silencio. ¿Debería también yo ahora guardar silencio?

Volví al Vaticano y fui inmediatamente al despacho de monseñor Mercati, ese estudio lleno de libros que había llegado a conocer tan bien. Cuando levantó la vista, vi algo nuevo en su expresión: mezclada con su familiar mirada de sabia compasión había una indescifrable mirada casi de conmiseración, de algo que él nunca había compartido con ninguna persona.

—Has encontrado *la fuente* -dijo en tono bajo.

—¿Cómo lo sabe? -pregunté.

—Porque, hijo mío -dijo centelleándole la mirada-, tienes esa apariencia.

Y de nuevo esa extraña expresión cruzó su rostro. Vi reflejada en ella toda la sabiduría y la compasión de las edades, mezclada con el tierno humor y la participación en un secreto indeciblemente precioso. De repente, las lágrimas inundaron mis ojos.

—¿Qué haré, padre? -pregunté.

—Deja que san Francisco cante en tu corazón -susurró.

Me arrodillé y besé su mano. Él dijo sólo una palabra, la voz en latín más corta: «I» (ve). Y me fui y nunca más le volví a ver.

Otros datos extraídos de las páginas 22, 118 y 158 del mismo libro

La Sorbona, universidad de París, otoño de 1925. Ante sus compañeros de clase el autor lee la acostumbrada conferencia anual -que cada alumno tiene que dar- acerca de sus trabajos en los Archivos Vaticanos. La conferencia siguió los cauces habituales de publicación en multicopista para ser distribuida entre los alumnos[3] y lo mismo ocurrió con la traducción literal del arameo al francés del *Evangelio Esenio de la Paz*.

En 1933 aparece la traducción inglesa a partir del francés, de Purcell Weaver, la aquí presente.

3. Los recuerdos de esta conferencia han sido transcritos en el libro *The Discovery of the Essene Gospel of Peace. The Essenes and the Vatican.* Academy Books, 1977.

En Ciudad Victoria, México, la profesora de literatura española Rita de Vargas, y el profesor de historia exilado por la reciente guerra civil española, Lacalle, realizan la primera traducción y publican *El Evangelio Esenio de la Paz*.

Nota: Las obras de Edmond Bordeaux Székely mencionadas, así como sus otros numerosos libros, pueden solicitarse a la Sociedad Biogénica Internacional (apartado 372, Cartago, Costa Rica).

Algunos de los libros publicados en inglés por Edmond Bordeaux Szekely, sobre la Vía Esenia de vida Biogénica

The Essene Gospel of Peace, Book One. 1 Million Copies, 23 Languages. 1.00
Essene Gospel of Peace, Book 2: The Unknown books of the Essenes. 5.80
Essene Gospel of Peace, Book 3: Lost Scrolls of the Essene Brotherhood 5.60
Essene Gospel of Peace, Book 4: Teachings of the Elect. 4.50
The Essene Way –Biogenic Living. The Essene-Biogenic Encyclopedia 8.80
Discovery of the Essene Gospel of Peace. The Essenes & the Vatican 4.80
Search for the Ageless, I: My Unusual Adventures on Five Continents 7.80
Search for the Ageless, II: The Great Experiment 8.80
Search for the Ageless, III: The Chemistry of Youth 7.50
The Greatness in the Smallness. The Only Way Out 7.50
The Tender Touch. Biogenic Fulfillment 5.50
The First Essene. The July 1979 International Essene-Biogenic Seminar 9.50
The Biogenic Revolution. The 1977 International Essene-Biogenic Seminar 9.50
Biogenic Reducing: the Wonder Week 3.80
The Essene Book of Creation. Light on the Mystery of Mysteries 4.50
Teachings of the Essenes from Enoch to the Dead sea Scrolls 4.80
The Essene Jesus. Revaluation of the Letest Essene Master and this Teachings 4.50
The Essene Book of Asha. Journey to the Cosmic Ocean 7.50
The Zend Avesta of Zarathustra. Powerful Universal Masterpiece 4.80
Archeosophy, a New Science. Beginning of the Beginnings 4.80
The Essene Origins of Christianity. 100 Facts and 200 Fallacies 8.50
The Essenes, by Josephus and his Contemporaries 2.95
The Essene Teachings of Zarathustra. Inmortal Legend of the Wheat 2.95
The Essene Science of Life. Companion Book to the Essene Gospel of Peace 3.50
The Essene Code of Life. The Natural and Cosmic Laws 3.50
Essene Communions With the Infinite. Holy Life, Sound, and Light 3.95
The Essene Science of Fasting and the Art of Sobriety 3.50
Cosmotherapy of the Essenes. Unity of Man, Nature and the Universe 3.50
The Living Buddha. A Comparative Study of Buddha and Yoga 4.50
Toward the Conquest of the Inner Cosmos 6.80
Journey Through a Thousand Meditations. 8000 Years of Wisdom 9.50
Father, Give us Another Chance. Survival Through Creative Simplicity 6.80
The Ecological Health Garden, the Book us Survival 4.50
The Dialectical Method of Thinking. Key to Solution of All Problems 2.95
The Evolution of Human Thought. 87 Great Philosophers, 38 Schools 2.50
Man in the Cosmic Ocean. Where No Man Has Ever Gone 3.50
The Soul of Ancient Mexico. Hundreds of Ancient Pictographs 7.50
The New Fire. Renewal of Life in a Precolumbian Spiritual Rhapsody 4.80
Death of the New World. Children of Paradise. 200 Illustrations 4.80
Ancient America: Paradies Lost. Pictorial Encyclopedia of a Lost World 4.80
Pilgrim of the Himalayas. Discovery of Tibetan Buddhism 2.95
Messengers from Ancient Civilizations. Ancient Migrations 3.50
Sexual Harmony. A Lucid, Common-Sense Approach 3.50
Ludwig Van Beethoven, Prometheus of the Modern World 2.95
Books, our Eternal Companions. Culture, Freedom, Tolerance 3.50
The Fiery Chariots. The Mysterious Brotherhood of the Dead Sea 4.80
Creative Work: Karma Yoga. Ancient, Mystic Role of Creative Work 2.95
The art of Study: the Sorbonne Method 3.50
Cosmos, Man and Society. Guide to Meaningful Living in the 20th Century 5.80
I Came Back Tomorrow. 20th Century Nightmare and the Essene Dream 3.50
Brother Tree. Charming Ecological Parable for Children of All Ages 3.50
The Book of Living Foods. A Gastro-Archeological Banquet 3.50
Scientific Vegetarianism. Nutritional, Economic, Spiritual Guide 2.95
The Conquest of Death. Longevity Explored. The Dream of Immortality 2.95
Healing Waters. Fifty European Spa Treatments at Home 3.50
Book of Herbs, Book of Vitamins, Book of Minerals. Each Volume 2.95

Para recibir catálogo informativo completo, escribir a International Biogenic Society:
I.B.S. International, apartado 372, Cartago, Costa Rica.